OEUVRES

DE

J. F. REGNARD.

TOME VI.

A PARIS,

DE L'IMPRIMERIE DE CRAPELET.

1823.

OEUVRES

COMPLÈTES

DE J. F. REGNARD.

NOUVELLE ÉDITION

AVEC DES VARIANTES ET DES NOTES.

TOME SIXIÈME.

A PARIS,

CHEZ J. L. J. BRIÈRE, LIBRAIRE,

RUE SAINT-ANDRÉ-DES-ARTS, N° 68.

M. DCCC. XXIII.

LES CHINOIS,

COMÉDIE EN QUATRE ACTES,

Représentée pour la première fois le 13 décembre 1692.

AVERTISSEMENT

DES ÉDITEURS

SUR LES CHINOIS.

Cette pièce est la première que Regnard ait faite en société avec Dufresny : elle parut pour la première fois le 13 décembre 1692.

Regnard, qui n'avoit encore travaillé que pour le Théâtre italien, paroît avoir eu pour but principal de faire rire aux dépens des comédiens françois, et de faire consacrer l'ironie par le jugement du public. Mais l'objet du triomphe des Italiens n'est pas propre à exciter la jalousie de leurs adversaires, ni le motif de la décision du parterre propre à les affliger. Isabelle, adjugée à l'acteur italien, est une fille licencieuse dans ses propos, et qui s'annonce comme ne voulant pas être plus réservée dans sa conduite ; en sorte que celui à qui on la refuse semble plus heureux que celui qui l'obtient. Pour le parterre, il se décide en faveur d'Octave, parce que la troupe italienne ne lui fait jamais payer que quinze sous, et qu'elle lui a donné la comédie *gratis* à la prise de Namur. Des motifs aussi ridicules montrent assez que les comédiens italiens ne pouvoient prétendre à la préférence, ni par leurs talents, ni par les pièces de leur théâtre.

La fin de cette pièce a fait remarquer que les comédiens ne prenoient encore que quinze sous au parterre, et que l'usage de donner la comédie *gratis* dans les réjouissances publiques étoit déjà établi. On peut, d'après la même scène, ajouter à ces remarques, qu'aux loges et au théâtre il n'en coûtoit que trente sous, et que les Italiens ne doubloient pas le prix des places à leurs premières représentations.

LES CHINOIS.

PERSONNAGES.

APOLLON. *Colombine.*
THALIE. *Arlequin.*
UNE PETITE FILLE. *Pierrot.*
UN AUTEUR. *Mezzetin.*
UN COMÉDIEN. *Pasquariel.*
UNE MUSE.

La scène est sur le Parnasse.

PROLOGUE

DES CHINOIS.

Le théâtre représente le mont Parnasse, sur le sommet duquel est Pégase, sous la figure d'un âne ailé. On entend un concert ridicule, interrompu de temps en temps par l'âne qui se met à braire.

SCÈNE I.

APOLLON, THALIE.

APOLLON.

Qui rend donc Pégase si hargneux ? Apparemment, mademoiselle Thalie, que vous avez oublié de lui donner son avoine aujourd'hui.

THALIE.

Ne vous souvenez-vous pas que ce n'est plus moi qui le panse ? Vous en avez donné la charge aux auteurs ; et depuis ce temps aussi, le pauvre animal, hélas ! les os lui percent la peau.

APOLLON.

C'est sa faute. Pourquoi se laisse-t-il monter par le premier venu ?

THALIE.

Il est vrai que c'est la monture banale de tous les regrattiers du Parnasse ; il n'y a pas jusqu'aux femmes qui le font trotter en vers alexandrins ; et je ne sais pas quel diable de train elles le font aller ; mais il ne revient jamais à l'écurie qu'il ne soit crevé de coups d'éperon.

APOLLON.

Puisqu'on a mis Pégase sur le pied d'un cheval de louage, c'est aux auteurs qui le louent à le nourrir.

THALIE.

Et comment voulez-vous que les auteurs nourrissent un cheval ? Les pauvres diables ont bien de la peine à se nourrir eux-mêmes. Voyez-vous, dans le temps où nous sommes, on n'engraisse guère à mâcher du laurier.

APOLLON.

Ils m'ont promis qu'ils ne feroient plus que de bonnes pièces : il faut espérer qu'ils seront plus gras cet hiver.

THALIE.

Il est vrai que les auteurs et les comédiens sont du naturel des bécasses ; ils n'engraissent point que le froid ne leur ait donné sur la queue. Franchement, ces messieurs-là nous barbouillent terriblement dans le monde ; car le public croit que c'est vous et moi qui leur inspirons toutes les sottises qu'ils mettent sur le théâtre.

SCENE I.

APOLLON.

Le public a tort. Mais, à propos de sottises, qu'est-ce qu'une certaine pièce que les comédiens italiens ont affichée ? *La Comédie des Comédiens Chinois ?* Cette troupe-là est toujours magnifique en titres.

THALIE.

C'est pour l'ordinaire le plus beau de leurs pièces ; et, à vous parler franchement, je crois que celle-ci ne sera point meilleure que les autres : ce n'est pas que, si on se donne la peine de l'écouter jusqu'à la fin, ce qui est assez rare, on pourra peut-être s'y divertir.

APOLLON.

Apparemment que le dernier acte est le meilleur de tous.

THALIE.

Je ne crois pas pour cela qu'il soit bon ; il peut être meilleur que les autres, et ne pas valoir grand'-chose. Mais comme les comédiens s'y disent un peu leurs vérités, et se donnent par-ci par-là quelque petit coup d'étrille, il pourra être du goût du public, qui mord à la grappe quand il entend dauber un comédien.

APOLLON.

Il est naturel de se rejouir des coups de dent que reçoivent ceux qui nous ont mordus, et je suis bien aise que les comédiens commencent à se rendre justice, et à tourner contre eux-mêmes les traits dont ils ont piqué les autres ; car enfin il n'y a point de profession qui ait échappé à leur satire; procureurs, médecins, magistrats.

THALIE.

Vraiment, ils ont bien fait pis ; ils n'ont pas même respecté les empereurs romains ni les maîtres à danser.

SCÈNE II.

APOLLON, THALIE, UNE MUSE.

LA MUSE.

Il y a une petite fille qui demande à parler à Apollon.

SCÈNE III.

UNE PETITE FILLE, APOLLON, THALIE.

LA PETITE FILLE.

N'est-ce pas vous, monsieur, qui êtes le seigneur de ce village-là, et qui vous appelez Apollon?

APOLLON.

Oui, belle mignonne. Qu'y a-t-il pour votre service ?

THALIE.

Voilà un tendron qui ne seroit pas mauvais pour remeubler le Parnasse, à la place de quelque Muse surannée.

SCENE III.

LA PETITE FILLE.

Je me suis échappée de chez nous pour vous faire une prière. J'aime la Comédie italienne à la folie, et ma bonne maman ne veut pas m'y mener.

THALIE.

C'est une folle. Il faut y aller sans elle; vous ne serez pas la première.

APOLLON.

Votre mère a tort, ma belle enfant, de vous priver du plaisir le plus agréable et le plus innocent qu'il y ait aujourd'hui.

THALIE.

Assurément. Si j'étois mère, j'aimerois mieux que ma fille allât tout un hiver à la Comédie, qu'une fois au bois de Boulogne pendant la séve du mois de mai.

LA PETITE FILLE.

Oh! monsieur, je ne suis pas encore assez grande pour aller au bois de Boulogne; je ne vais encore que sur le rempart.

APOLLON.

La comédie forme l'esprit, élève le cœur, ennoblit les sentiments: c'est le miroir de la vie humaine, qui fait voir le vice dans toute son horreur, et représente la vertu avec tout son éclat. Le théâtre est l'école de la politesse, le rendez-vous des beaux esprits, le piédestal des gens de qualité. Une petite dose de comédie, prise à propos, rend l'esprit des dames plus enjoué, le cœur plus tendre, l'œil plus vif et les manières plus engageantes. C'est le lieu où le beau sexe brille avec le plus d'éclat.

LA PETITE FILLE.

Oh! je prétends bien y briller comme une autre quand je serai grande.

APOLLON.

Mais quelle raison votre mère a-t-elle pour ne pas vous mener aux Italiens?

LA PETITE FILLE.

Elle dit qu'il y a quelquefois des paroles un peu libres; mais ce qui me fait endêver, c'est qu'elle ne laisse pas d'y aller tous les jours.

THALIE.

Il y a tout plein de mères de ce naturel-là; ce sont des affamées qui n'en veulent que pour elles.

APOLLON.

Je ne sais pas quels peuvent être ces mots libertins qui effarouchent tant la maman. Pour moi, je n'y vois que des mots tout pleins de sel, qui, à la vérité, sont quelquefois à double entente; mais les plus belles pensées du monde ont deux faces : tant pis pour ceux qui ne les prennent que du mauvais côté; c'est une vraie marque de leur esprit corrompu et vicieux. Mais ne vous a-t-elle pas dit quelques uns de ces vilains mots-là?

LA PETITE FILLE.

Oh, dame! elle ne les dit devant moi qu'à bâtons rompus : elle dit seulement que les Italiens sont des drôles qui nomment toutes les choses par leurs noms.

SCENE III.

Par exemple, elle dit qu'ils appellent un homme marié.... d'un certain mot que je n'oserois dire.

THALIE.

Cocu, peut-être?

LA PETITE FILLE.

Vous l'avez dit.

APOLLON.

Et votre mère se scandalise de ce mot-là?

LA PETITE FILLE.

Assurément. Oh, dame! c'est qu'elle dit que c'est une injure qui regarde autant mon papa que les autres.

THALIE.

C'est que votre mère ne sait pas sa langue. Dans le nouveau dictionnaire, imprimé à Paris, ces mots-là sont synonymes, cocu marié, marié cocu, cela s'appelle jus vert, vert jus.

LA PETITE FILLE.

Pour moi je n'entends point de mal là-dessous; mais quoi qu'il en soit, je vous prie, monsieur Apollon, vous qui êtes le maître des comédiens, de leur dire qu'ils ne mettent plus de ces vilains mots-là, afin que les filles y puissent aller, et que ma mère n'ait plus de prétexte de me laisser au logis, tandis qu'elle va à la Comédie. Écoutez, c'est l'intérêt des comédiens que nous allions à leurs pièces: ce sont de jolies filles comme moi qui font venir les garçons à la Comédie.

THALIE.

Oh! pour cela, mademoiselle a raison : une femelle dans une loge attire les mâles de bien loin ; c'est l'appât dans la souricière.

APOLLON.

Je vous assure, la belle, que désormais les mères seront contentes, et que je vais de ce pas vous mener avec moi chez les Italiens, où j'assemblerai les comédiens, et je leur ordonnerai de rayer de leurs comédies tous les mots trop éveillés, et notamment tous les cocus qu'il y aura.

THALIE.

Ne vous avisez pas de cela, monsieur. Si les comédiens rayoient de leurs comédies tous les cocus, ils balafreroient peut-être le père de mademoiselle, et pour lors ils auroient sur le dos deux personnes au lieu d'une.

LA PETITE FILLE.

Ah! que vous me faites de plaisir! L'hôtel de Bourgogne va regorger de monde ; et je vais annoncer ce changement-là à ma mère, et à toutes les femmes et filles du quartier.

THALIE.

Donnez-vous-en bien de garde. Pour une femme qui aime la réforme, il y en a mille qui ne la sauroient souffrir ; et au lieu de faire venir du monde, vous désachalanderiez le théâtre.

SCÈNE IV.

THALIE, APOLLON, UN COMÉDIEN, UN AUTEUR.

L'AUTEUR, tirant par la main le Comédien qui est à moitié habillé.

Non, monsieur, vous ne jouerez pas ma pièce aujourd'hui, et je vais vous le faire défendre par la Muse de la comédie.

LE COMÉDIEN.

Il n'y a Muse qui tienne : la dépense est faite, l'argent reçu à la porte; il faut sauter le bâton.

SCÈNE V.

THALIE, APOLLON, L'AUTEUR.

L'AUTEUR, aux pieds de Thalie.

Ah! mademoiselle Thalie, miséricorde! Ils veulent représenter aujourd'hui ma comédie malgré moi, et j'ai vu entrer plus de cent personnes dans le parterre qui la trouvent déjà mauvaise.

THALIE.

Cent personnes! Pourvu que le reste la trouve bonne, les rieurs seront encore de votre côté.

L'AUTEUR.

Je ne demande que huitaine pour tout délai.

THALIE.

Mais dans huit jours, croyez-vous en être quitte à meilleur marché?

L'AUTEUR.

Assurément : j'attends des amis de la campagne, qui m'ont promis de rire, même aux plus foibles endroits.

THALIE.

A vous entendre, monsieur l'Auteur, je parierois que votre pièce ne vaut pas grand'chose.

L'AUTEUR.

Hélas! j'ai toujours cru jusqu'à présent que c'étoit la meilleure comédie du monde; mais depuis que les chandelles sont allumées, j'y vois mille défauts que je n'y avois pas remarqués. Ah, ah! je n'en puis plus, le cœur me manque.

THALIE.

Allons, allons, courage; serrez-vous le nez, et avalez la médecine.

L'AUTEUR.

Ma comédie n'est pas même achevée; il n'y a que quatre actes de faits.

THALIE.

Pourvu qu'il n'y ait que ce défaut-là, vous n'êtes pas à plaindre. C'est moi qui fais les lois de la comédie, et j'ordonne que ce prologue-ci passera pour un acte.

L'AUTEUR.

Ah, maudite comédie! tu seras cause de ma mort!

SCÈNE VI.

THALIE, au parterre.

Messieurs, vous voyez bien que ce poète-ci n'a pas besoin de fort hiver. Si vous le carillonnez selon votre bonne et louable coutume, je vous le garantis défunt dans un quart d'heure : c'est à vous de voir si vous voulez charger votre conscience d'un poéticide.

FIN DU PROLOGUE.

PERSONNAGES.

ROQUILLARD, gentilhomme campagnard.
ISABELLE, fille de Roquillard.
OCTAVE, comédien italien, amant d'Isabelle.
COLOMBINE, }
MARINETTE, } suivantes d'Isabelle.
PIERROT, valet de Roquillard.
ARLEQUIN, }
MEZZETIN, } valets d'Octave.
PASQUARIEL, tapissier.

La scène est à la campagne, chez Roquillard.

LES CHINOIS,

COMÉDIE.

ACTE PREMIER.

Le théâtre représente une salle bien meublée.

SCÈNE I.

ROQUILLARD, PIERROT.

ROQUILLARD.

Certes, nul huissier, tant à verge qu'à cheval, n'oseroit avoir regardé la porte de ce mien château : il fut de tout temps le cimetière des sergents. Feu mon trisaïeul, Matthieu Roquillard, d'un seul coup d'arquebuse a mis bas cinq recors et deux procureurs fiscaux.

PIERROT.

Diantre! tout le pays lui eut bien de l'obligation; car un de ces animaux-là fait plus de dégât dans une province que douze bêtes puantes dans une garenne. Mais que veut dire toute cette belle architecture?

Cela flaire diablement la noce. Au moins, ne vous avisez pas de faire cette sottise-là.

ROQUILLARD.

Et la raison ?

PIERROT.

C'est que le mariage ne sied point à une carcasse décharnée comme la vôtre; et tout franc, vous êtes trop vieux pour faire souche.

ROQUILLARD.

Sais-tu bien que dans la famille des Roquillards les mâles n'entrent en vigueur que vers les soixante-dix ans ? Quand mon père me fabriqua, il en avoit septante-quatre, et ma mère octante-huit.

PIERROT.

On voit bien, monsieur, que vous avez été engendré de deux vieilles rosses; vous avez des salières sur les yeux à y fourrer le poing.

ROQUILLARD.

Tais-toi; j'ai autre chose en tête que de répondre à tes sottises. C'est ma fille Isabelle que je veux marier aujourd'hui.

PIERROT.

Oh! pour ce mariage-là, j'y baille mon autorité, et le plus tôt c'est le meilleur : il ne faut pas garder une fille passé quinze ans; il y a trop de déchet, et cette monnoie-là est diantrement sujette au décri.

ROQUILLARD.

Tu vois aussi que je mets les fers au feu. J'attends journellement un gentilhomme de campagne, un docteur, un major et un comédien françois, tous partis sortables pour ma fille, selon qu'il m'a été raconté; car je ne les ai point encore vus.

PIERROT.

Pensez, monsieur, que vous ne lui baillerez pas tous les quatre à la fois; c'est trop pour une enfant.

ROQUILLARD.

Outre ce, Isabelle a quelque bon vouloir pour un quidam nommé Octave, comédien italien de sa vacation.

PIERROT.

Fi! monsieur, ne donnez point votre fille à cette nation-là : avec eux les mariages ne tiennent point; on dit qu'ils en font de nouveaux à chaque comédie qu'ils jouent.

ROQUILLARD.

Ce néanmoins, je me sens de la propension pour le jeune homme; et dès mon premier âge, j'ai pourchassé l'accointance de messieurs du théâtre, pour ce qu'ils sont volontiers courtois et joviaux.

PIERROT.

Si vous m'aviez averti seulement huit jours plus tôt que vous vouliez vous défaire d'Isabelle, je m'en serois accommodé avec vous; mais j'ai commencé une fille d'un autre côté.

ROQUILLARD.

Comment donc?

PIERROT.

Oui, monsieur; c'est une fille qui a plus de vingt mille écus, et je suis déjà à moitié marié.

ROQUILLARD.

Est-il possible ?

PIERROT.

Très assurément. Tenez, monsieur, pour faire un mariage tout entier, il faut, en premier lieu, que le garçon le veuille ; en second lieu, que la fille y consente : or, je suis garçon ; j'ai déjà baillé mon consentement ; ainsi, vous voyez que c'est un mariage à moitié fait.

ROQUILLARD.

Certes, voilà une affaire bien avancée ! Mais va-t'en dire à ma fille qu'elle se prépare de son côté.

SCÈNE II.

PIERROT, seul.

Il n'y a que faire de l'avertir ; une fille est toujours prête quand c'est pour le mariage.

SCÈNE III.

OCTAVE, ARLEQUIN, MEZZETIN.

Octave est instruit qu'il doit arriver un chasseur, un capitaine et un docteur chinois, pour demander Isabelle en mariage ; il détermine Arlequin et Mezzetin à se déguiser en ces différents personnages, et à les tourner en ridicule, pour dégoûter le père, et faire tomber son choix sur lui. Cette scène est tout italienne.

SCÈNE IV.

PASQUARIEL, PIERROT, MARINETTE.

Cette scène est encore italienne et étrangère au sujet de la pièce : elle consiste en jeux de théâtre et lazzis italiens entre Pierrot et Pasquariel, qui sont amoureux l'un et l'autre de Marinette. Leur rivalité et leurs querelles font l'objet de cette scène.

SCÈNE V.

ISABELLE, COLOMBINE.

ISABELLE.

Bon, bon ! le mariage ! voilà encore quelque chose de beau ! Ne me parle jamais de cette sottise-là. Dis-moi, Colombine, ai-je bien placé mes mouches ? Me trouves-tu coiffée du bon air ?

COLOMBINE.

Il est bien question aujourd'hui de mouches et de fontanges ! Voyez-vous toutes ces pyramides-là, ce sont de beaux bouchons à un cabaret où l'on meurt de soif. L'essentiel pour une fille, c'est un mari, et un mari dans toutes ses circonstances.

ISABELLE.

Ah, ah ! que tu es folle ! Colombine, que tu es folle ! Tu crois donc que je me soucie d'un homme ? Je te jure que je n'ai pas la moindre envie d'être mariée. A la vérité, je suis bien lasse d'être fille ; mais j'espère que cela se passera.

COLOMBINE.

Oui, cela se passera avec un mari. Franchement, le métier de fille est bien ennuyeux, quand on veut le faire avec honneur. Je sais ce qu'il m'en coûte tous les jours pour conserver le peu de réputation qui me reste.

ISABELLE.

Que veux-tu donc dire?

COLOMBINE.

Mon Dieu! je m'entends bien. Il y a des saisons dans l'année terriblement rudes à passer. Quand j'entends chanter l'alouette, ma vertu est à fleur de corde; et c'est une saison bien chatouilleuse que le printemps.

ISABELLE.

Tu te moques, Colombine : c'est la saison qui me fait le plus de plaisir; le beau temps revient.

COLOMBINE.

Mais les officiers s'en vont à la guerre.

ISABELLE.

La campagne rit....

COLOMBINE.

Oui, et Paris pleure.

ISABELLE.

Les arbres reverdissent.

COLOMBINE.

Et les filles sèchent sur pied. Je parie que c'est dans ce temps-là que vous êtes le plus dégoûtée de votre emploi de fille.

ISABELLE.

Si j'en suis dégoûtée, c'est que les femmes aiment naturellement le changement; et si je me suis lassée d'être fille, je me lasserai encore plus d'être mariée.

COLOMBINE.

D'être mariée! Vous voulez donc l'être?

ISABELLE.

Je ne dis pas cela; mais si l'envie m'en venoit par hasard (car on dit que cela prend tout d'un coup), dis-moi, en conscience, comment faut-il qu'un mari soit fait pour être joli? Tu sais que je ne me connois pas bien en hommes.

COLOMBINE.

Si fait bien moi. Il faut qu'il soit pâle, fluet, débile et raccourci, comme ces petits échantillons de magistrature, qui n'auroient pas la force de porter leurs robes sans l'aide de deux grands laquais.

ISABELLE.

Oh! fi, fi! cela est trop colifichet pour un mari.

COLOMBINE.

C'est que vous ne vous connoissez pas en hommes. Vous voudriez peut-être de ces bourgeois renforcés de l'ancien collége, moitié noblesse, moitié roture, ou de ces gros commis.... là.... de ces ballots vivants qui entrent et sortent de la douane sans rien payer?

ISABELLE.

Pour ceux-là, je les trouve trop matériels.

COLOMBINE.

La pauvre enfant, elle ne se connoît pas en hommes !

ISABELLE.

Colombine, tu es une coquine. Tu ne me parles point de ce qui me paroît le plus fripon en amour. Est-ce que tu n'as jamais vu l'hiver, à la Comédie, ces jeunes officiers toujours brillants, qui font sans cesse le carrousel autour des actrices jolies?

COLOMBINE.

La pauvre enfant ! elle ne se connoît pas en hommes !

ISABELLE.

Pour ceux-là ils sont faits exprès pour mon humeur; ils font toujours quelques singeries ; ils chantent, ils cabriolent, ils se battent quelquefois pour rire, et se baisent après devant tout le monde : enfin, quand je les vois sur le théâtre, ils me divertissent cent fois plus que la comédie.

COLOMBINE.

Je vous en aurois bien proposé de cette manufacture-là ; mais....

ISABELLE.

Quoi, mais !

COLOMBINE.

Mais il vous faut un mari pour toute l'année, et ces messieurs-là ne servent que par quartier; encore n'est-ce pas auprès de leurs femmes. (On donne du cor.) J'entends du bruit. Apparemment que voilà l'amant chasseur qui entre en danse.

SCÈNE VI.

MEZZETIN, avec une bandoulière de gibier, un grand cor, et traînant un bouc par les cornes; ISABELLE, COLOMBINE.

MEZZETIN.

Mademoiselle, je suis l'écuyer de monsieur le baron de la Dindonnière ; il vous envoie cette bête-là, en attendant qu'il vienne ici lui-même.

ISABELLE, à part.

Si le maître est aussi bien fabriqué que l'écuyer, voilà de quoi faire un bel attelage.

MEZZETIN.

On dit comme ça qu'il doit bientôt chasser sur vos terres. La chasse sera bonne dans ce canton-là ; car je crois que personne n'y a encore chassé.

COLOMBINE.

Ma maîtresse est une terre conservée ; j'en réponds, et je suis le garde des plaisirs.

MEZZETIN.

Dame ! mon maître est un cadet bien découplé. Vous me voyez.... il est encore.... quasi mieux fait que moi. (On sonne du cor.) Tenez, le voilà.

SCÈNE VII.

ARLEQUIN, en baron de la Dindonnière et en habit de chasseur, avec une corne de vacher, un poulet d'Inde sur le poing; ISABELLE, COLOMBINE, DEUX VALETS de chiens, avec des cors.

ARLEQUIN, sonnant du cor.

Ton, ton, ton, ton, ho, ho! Gerfaut, Briffaut, Miraut, Marmiteau! ho, ho, ho! (à Isabelle.) Mademoiselle, quand on chasse une jolie bête comme vous, on n'a pas besoin de chiens pour découvrir où vous êtes; il est aisé de vous suivre à la piste, et le fumet de vos appas porte au nez de plus de cinq cents pas à la ronde. (Il sonne du cor.)

ISABELLE.

Monsieur, je n'aime pas qu'on me fasse l'amour à son de trompe, et vous faites un peu trop de bruit pour prendre les lièvres au gîte.

ARLEQUIN.

Vous moquez-vous? je suis le gentilhomme de France le plus discret; je sais qu'il faut du mystère en amour, et c'est pour cela que j'ai laissé ma meute dans votre antichambre.

COLOMBINE.

Ah! mes pauvres meubles! Vraiment, je m'en vais bien faire sauter tous les chiens par la fenêtre.

ACTE I, SCENE VII.

ARLEQUIN.

Ne t'y frotte pas, ma mie; ce sont des gaillards qui n'ont aucune considération pour le sexe.

ISABELLE.

Ah, mon Dieu! Colombine, le vilain homme!

ARLEQUIN.

Vous êtes charmée de ma personne, n'est-ce pas? *(Il montre un dindon qu'il porte sur le poing.)* Quand j'ai ce compère-là sur le poing, je ne manque guère ma proie. Nous avons dans notre famille le vol des filles et du dindon.

COLOMBINE.

Les filles de ce pays-ci ne se prennent pourtant pas avec des poulets d'Inde; quelquefois avec une fricassée de poulets, donnée à propos, je ne dis pas que non.

ARLEQUIN, à Isabelle.

Votre chambrière a de l'esprit; je la retiens pour être mon premier piqueur.

COLOMBINE.

Oh! monsieur, vous me faites trop d'honneur; je ne sais pas piquer.

ARLEQUIN.

Oh! que cela ne te mette point en peine, on te montrera.

ISABELLE.

Mais, monsieur, vous ne parlez que de chasse; est-ce que vous n'avez pas d'autre occupation?

ARLEQUIN.

Oh! que si; j'aime l'étude passionnément; je me renferme tous les matins dans mon cabinet avec mes chiens et mes chevaux.

ISABELLE.

La compagnie est savante!

ARLEQUIN.

L'après-dînée, je monte ma jument poil d'étourneau, pour brossailler dans la forêt, et le lendemain, pour être de meilleur matin au bois, je me couche pour l'ordinaire tout botté et éperonné.

ISABELLE.

Tout botté et éperonné!

ARLEQUIN.

Oh! que cela ne vous mette pas en peine; nous ne nous toucherons point : mon lit a vingt-cinq pieds de diamètre, et ce n'est pas trop pour coucher deux personnes et une meute de cinquante chiens courants.

ISABELLE.

Quoi, monsieur! si je vous épouse, tous ces chiens-là coucheront avec moi?

ARLEQUIN.

Oh! non, pas tous : j'en choisirai une vingtaine des moins galeux.

COLOMBINE.

Je suis votre très humble servante : la nuit, ils pourroient bien prendre ma maîtresse pour une biche, et la dévorer.

ARLEQUIN, à Colombine.

Tais-toi ; j'ai bien plus de risques à courir qu'elle. Quand nous serons mariés, elle pourroit bien me changer en cerf comme Actéon ; et mes chiens ne feroient plus qu'un morceau de ma personne.

(On donne du cor, les chiens viennent sur le théâtre, courant après un sanglier.)

COLOMBINE.

Ah, mademoiselle ! un sanglier qui est entré ici !

(Elles s'enfuient.)

(La chasse du sanglier fait le divertissement du premier acte.)

FIN DU PREMIER ACTE.

ACTE SECOND.

SCÈNE I.

ARLEQUIN, COLOMBINE.

Cette scène est italienne, et consiste en jeu de théâtre. Les deux fourbes se réjouissent du succès de leur fourberie, et Arlequin se propose de reparoître bientôt déguisé en docteur chinois.

SCÈNE II.

ROQUILLARD, COLOMBINE.

COLOMBINE.

Hé bien, monsieur, n'êtes-vous pas charmé de votre prétendu gendre, monsieur le baron de la Dindonnière? Par ma foi, il faudroit que vous fussiez fou pour lui donner votre fille : j'aimerois autant lui faire épouser un chenil tout entier.

ROQUILLARD.

Certes, il est mal avenant de sa personne, et j'en ai regret; car moi et mes ancêtres avons toujours chéri la chasse et les chasseurs. J'ai dans ma bibliothéque plus de cent bois de cerf, rangés par ordre chronologique, avec les relations historiques de la prise d'iceux.

COLOMBINE.

Diantre! voilà de beaux titres de noblesse, cent bois de cerf dans une famille! sans ceux qu'on y a introduits, et dont on n'a pas tenu de registre.

ROQUILLARD.

Le malencontreux visage que ce baron de la Dindonnière! Encore faut-il à ma fille un peu d'accointance, et cet homme-là seroit toujours à brosser dans les bois.

COLOMBINE.

Ce ne seroit pas là le plus mauvais de l'affaire. Tandis qu'un mari court les bois, une femme peut chasser de son côté. Le meilleur gibier n'est pas toujours dans les forêts; il y a telle bête à Paris que j'aimerois mieux avoir prise que vingt sangliers. C'est un friand morceau pour une femme qu'une hure de caissier bien gras.

ROQUILLARD, s'adoucissant.

En sorte donc, Colombine, que cet homme-là n'est point de ton goût.

COLOMBINE.

Non, ma foi; et toute servante que je suis, je n'en voudrois ni pour or ni pour argent.

ROQUILLARD.

Et moi, comment me trouves-tu? M'aimerois-tu mieux que lui?

COLOMBINE, le caressant.

Mille fois. Vous êtes fleuri, mûr, belle barbe, le cuir doux et bien corroyé. Bon, bon! il y a bien de la comparaison!

ROQUILLARD.

La coquine! je l'aime, que j'en suis fou. Bai.... bai.... baise-moi, friponne.

COLOMBINE.

Oui, monsieur, que je vous baise! Il y a je ne sais combien que vous m'amusez; vous dites toujours que vous m'épouserez, et vous savez la peine que je prends à vous servir.

ROQUILLARD.

Il faut se donner patience, tu es encore jeune.

COLOMBINE.

Une fille, pendant ce temps-là, ne laisse pas de s'user; c'est comme un carrosse qui dépérit autant sous la remise qu'à rouler.

ROQUILLARD.

Va, va, ma bouchonne, console-toi; si je ne t'épouse pas, je te laisserai quelque chose en mourant.

COLOMBINE.

Dépêchez-vous donc, monsieur; car j'ai bien de l'impatience de gagner une petite somme d'argent, afin d'avoir le moyen d'être honnête fille jusqu'à la fin de mes jours.

SCÈNE III.

ROQUILLARD, COLOMBINE, PIERROT.

PIERROT.

Monsieur, il y a là-dedans un homme qui est habillé comme la porte d'un jeu de paume. Il demande à épouser votre fille ; lui baillerons-nous ?

ROQUILLARD.

Doucement, doucement ; ces affaires-là demandent délibération. (à Colombine.) C'est apparemment le docteur dont je t'ai parlé.

PIERROT.

Dame! monsieur, il faut que le mal le presse bien fort ; car il est venu en poste, et il dit qu'il veut se marier de même.

ROQUILLARD.

Il ne faut pas prendre la poste pour venir au mariage ; c'est un gîte où l'on arrive toujours assez tôt.

PIERROT.

Cela est vrai ; et ceux qui vont si vite sont tout comme ces chevaux fringants, qui n'ont que la première journée dans le ventre.

SCÈNE IV.

On apporte un cabinet de la Chine, dans lequel est Arlequin en docteur chinois.

ARLEQUIN, ROQUILLARD, COLOMBINE.

ARLEQUIN, à la cantonade.

Taisez-vous, canaille ignorante et indocile; je veux me marier, moi; oui, je veux me marier. Ils n'ont autre chose à me dire : Monsieur le Docteur, prenez garde à vous ; vous êtes perdu si vous faites cette folie-là : la femme est le précipice de l'homme. Taisez-vous, vous dis-je ; vous êtes des ânes ; vous ne le savez que par expérience, moi je le sais par science : *Quidquid utrique datur, commune locatur.* Je vous le prouve en françois.

> La lune est un astre commun ;
> Ce qui dépend d'elle est tout un :
> La femme dépend de la lune ;
> *Ergò* toute femme est commune.

Je n'ai que faire de vos conseils : *Jacta est alea.* Le dé est sorti du cornet ; il y a long-temps que j'ai fait germer ce mariage-là sur ma tête.

Sic volo, sic jubeo ; sit pro ratione voluntas.

ROQUILLARD.

Monsieur....

ACTE II, SCENE IV.

ARLEQUIN.

Je sais bien que le père est un sot ; mais je lui ai donné ma parole.

ROQUILLARD.

Hé ! monsieur....

ARLEQUIN.

Je n'ignore pas que la fille ne soit une fieffée coquette ; mais dès le lendemain de la noce je la fais mettre aux Magdelonettes.

COLOMBINE.

Monsieur, monsieur....

ARLÉQUIN.

Je suis persuadé que la suivante est une carogne ; mais je lui donnerai tant de coups d'étrivières....

ROQUILLARD et COLOMBINE.

Monsieur, monsieur....

ARLEQUIN, à Roquillard.

Ah ! *Si vales, bene est ; ego quidem valeo.* N'êtes-vous pas monsieur Roquillard ?

ROQUILLARD.

Oui, monsieur ; il y a plus de soixante ans.

ARLEQUIN.

S'il est ainsi, *audite, plaudite, et reculate.* Moi, le pot pourri de la doctrine, le pâté en pot des belles-lettres, et le salmigondis de toutes les sciences, salue très élégamment Christophe Roquillard, l'égout de l'ignorance, la cruche de la stupidité, et le bassin de toutes les impertinences.

COLOMBINE, à Roquillard.

Monsieur, voilà un habile homme; il sait toutes vos qualités par cœur.

ARLEQUIN.

Beau-père, avant que d'entrer en matière, combien avez-vous de filles à me donner?

ROQUILLARD.

Comment donc! est-ce qu'il faut plusieurs filles pour faire une femme?

ARLEQUIN.

Vous ne savez donc pas que je suis philosophe, orateur, médecin, astrologue, jurisconsulte, géographe, logicien, barbier, cordonnier, apothicaire? en un mot, je suis *omnis homo*, c'est-à-dire un homme universel.

COLOMBINE.

Hé bien, monsieur, ne vous fâchez pas; votre femme sera universelle.

ARLEQUIN.

Je sais tout ce qu'on peut savoir dans les sciences et dans les arts : je sais danser, voltiger, pirouetter, cabrioler; jouer à la paume, au ballon; lutter, escrimer, pousser d'estoc et de taille; mais où j'excelle le plus, c'est en musique et en machines de théâtre.

COLOMBINE.

Quoi! monsieur le Docteur, vous savez aussi la musique?

ARLEQUIN.

Bon! je compose des opéra il y a plus de cinquante ans : c'est moi qui ai fait le carillon de la Samaritaine. Je m'en vais vous faire voir un échantillon de ma science.

SCÈNE V.

Le cabinet de la Chine s'ouvre; on en voit sortir la Rhétorique et une grosse Pagode.

ARLEQUIN, ROQUILLARD, COLOMBINE, LA RHÉTORIQUE, MEZZETIN, en Pagode.

ROQUILLARD.

Diable ! voilà qui est joli ! Qu'est-ce que cela signifie, monsieur ?

ARLEQUIN.

Cela, monsieur ? c'est la Rhétorique chantante et la Rhétorique dansante, avec toutes les figures, les points, les virgules, les parenthèses et tout le reste.

ROQUILLARD.

Faites-la un peu venir : je serois bien aise de l'entendre.

ARLEQUIN.

La voici. Madame la Rhétorique, dites-nous qui est-ce qui persuade davantage en amour.

LA RHÉTORIQUE chante.

Par mes discours doux et flatteurs,
Je porte l'amour dans les cœurs,
Et j'attendris la plus cruelle.
Mais, à parler de bonne foi,

L'argent, pour réduire une belle,
Est encor plus puissant que moi.

ARLEQUIN.

Air : *De mon pot, je vous en réponds.*

Voulez-vous, en moins d'un jour,
Être heureux en amour ?
Laissez les fleurs de rhétorique ;
Le chemin en seroit trop long :
Avec l'or, je vous en réponds ;
Mais sans cela, non, non.

Dites-nous à présent où va coucher un mari, dans le zodiaque, la première nuit de ses noces.

LA RHÉTORIQUE chante.

Le soleil vagabond jamais ne se repose ;
Il va toujours de maison en maison.
Que de maris feroient la même chose,
S'il leur étoit permis de changer de prison !
Mais d'un mari la demeure est certaine ;
Quelque chemin qu'il prenne,
Qu'il aille ou qu'il vienne,
Son ascendant
Toujours l'entraîne
Loger au croissant.

ARLEQUIN.

Air : *De mon pot, je vous en réponds.*

Il va coucher tout de go
Au signe du Virgo :
Mais dès la seconde journée,
Le Capricorne est sa maison.
De cela je vous en réponds ;
Mais du Virgo, non, non.

ACTE II, SCENE V.

ROQUILLARD.

Qu'est-ce que signifie cette figure là-bas?

ARLEQUIN.

C'est une Pagode.

ROQUILLARD.

Une Pagode! Qu'est-ce que c'est qu'une Pagode?

ARLEQUIN.

Une Pagode est.... une Pagode. Que diable voulez-vous que je vous dise?

ROQUILLARD.

Mais à quoi est-elle propre? Sait-elle faire quelque chose?

ARLEQUIN.

Elle chante aussi. Je vais vous la faire venir.

MEZZETIN, en Pagode, chante.

Je viens exprès du Congo, ho, ho, ho!
 Pour boire à tirelarigot
  Du vin de Normandie;
 Car dans ce temps-ci, hi, hi, hi!
  Rouen vaut mieux que Tessy.

Quoique Paris soit charmant, han, han, han!
 J'en partirois à l'instant,
  Si l'on vendoit les filles,
Par faute de raisin, hin, hin, hin!
  Aussi cher que le vin.

     (On remporte Mezzetin.)

SCÈNE VI.

ARLEQUIN, ROQUILLARD, COLOMBINE.

ROQUILLARD.

Voila qui est admirable ! Et qu'est-ce que signifient toutes ces différentes figures-là ?

ARLEQUIN.

C'est la Rhétorique dansante. Je vais vous la faire danser avec toute sa suite.

(La Rhétorique dansante, figurée par Pasquariel, accompagnée de quatre Sauteurs, fait un ballet de postures; ce qui forme le divertissement du second acte.)

FIN DU SECOND ACTE.

ACTE TROISIÈME.

SCÈNE I.

ISABELLE, COLOMBINE.

COLOMBINE.

Je vous dis encore une fois, mademoiselle, que vous ne sauriez mieux faire, et qu'il faut nous en tenir à notre comédien italien.

ISABELLE.

Je crois que tu as raison. Je me sens toutes les dispositions à devenir bonne comédienne : j'ai l'esprit à toute main ; je serai prude quand je voudrai, coquette quand il me plaira, fière avec les bourgeois, traitable avec l'homme de qualité ; enfin, il y aura bien du malheur si je ne contente le public.

COLOMBINE.

Oh! le public est un compère qui n'est pas aisé à chausser : on ne sait pas comment faire aujourd'hui pour gagner sa bienveillance. Je sais bien qu'une jolie personne comme vous a plus de facilité qu'une autre à faire valoir les talents du théâtre.

ISABELLE.

Je crois que je me tirerai d'affaire dans ce pays-là.

Je parois une fois davantage aux chandelles ; j'ai du teint, de l'enjouement. Pour de l'embonpoint et de la gorge, il n'y a guère de personne à qui je le cède.

COLOMBINE.

Tant mieux ; c'est l'essentiel pour une comédienne. La gorge est une partie à quoi les spectateurs s'attachent le plus, principalement messieurs du balcon, qui se mettent là exprès afin d'être plus à portée.

ISABELLE.

Je n'ai qu'un défaut pour le théâtre, c'est que je n'ai point de mémoire. Par exemple, Colombine, si j'aimois un homme aujourd'hui, je crois que je ne m'en souviendrois pas demain.

COLOMBINE.

La plupart des femmes sont comme vous : mais ce défaut de mémoire est une marque de leur jugement ; car les hommes d'à présent ne méritent pas qu'on les aime plus de vingt-quatre heures. Mais Octave va venir ; je vais me retirer. N'aurez-vous point peur de rester toute seule avec lui ?

ISABELLE.

Bon, bon! tu te moques, Colombine. Est-ce que je suis un enfant ? A l'âge que j'ai, on ne craint plus rien.

COLOMBINE.

Je suis aussi âgée que vous, et un tête-à-tête ne laisse pas quelquefois de me faire trembler. Un jeune homme veut vous persuader qu'il vous aime ; il se jette à vos genoux, il vous prend les mains. Quand une fille a les mains prises, elle ne sauroit pas bien se revancher.

ISABELLE.

D'accord, Colombine ; mais on peut crier.

COLOMBINE.

Et si le jeune homme vous ferme la bouche d'un baiser, où en êtes-vous ? Enfin, vous voulez bien en courir les risques, je m'en lave les mains.

ISABELLE.

Que veux-tu ? puisque je suis destinée à être comédienne, il faut bien que je m'aguerrisse à faire toutes sortes de personnages.

SCÈNE II.

ISABELLE, OCTAVE.

OCTAVE.

Enfin, charmante Isabelle, me voilà seul avec vous, et je puis en liberté.... (Il l'embrasse.)

ISABELLE.

Oh ! monsieur, point de libertés, s'il vous plaît. Comment ! vous débutez par où les autres finissent !

OCTAVE.

C'est le privilége de notre profession, mademoiselle ; et la liberté du geste est la plus belle partie du comédien.

ISABELLE.

Une fille n'est donc pas en sûreté avec vous autres messieurs ?

OCTAVE.

Ne craignez rien, belle Isabelle ; nous n'avons que l'extérieur de dangereux : notre science se borne à ébranler les cœurs, d'autres les emportent ; et tel ne dit mot dans une loge, qui a tout le profit d'une tendresse que l'acteur s'efforce d'émouvoir.

ISABELLE.

Quand un comédien est fait comme vous, il a souvent la meilleure part dans la tendresse qu'il inspire.

OCTAVE.

Que je serois heureux, si vous aviez de pareils sentiments pour moi ! et que votre cœur....

ISABELLE.

Mon cœur.... Oh ! mon cœur ne va pas si vite que vos paroles : je ne vous aime pas encore tout-à-fait, mais je sens bien que je ne vous hais pas.

OCTAVE.

Je suis le plus fortuné de tous les hommes. Mais pour gage de votre bonne volonté, il faut que vous me donniez votre main.

ISABELLE.

Ma main ? Oh ! monsieur, je n'ai pas le geste si libre que vous.

OCTAVE.

Vous ne voulez pas m'accorder cette faveur ?...

Ah! où suis-je?... une vapeur me ferme les yeux! je n'en puis plus! (Il se laisse aller dans les bras d'Isabelle.)

ISABELLE.

O ciel! quelqu'un! Colombine, au secours!

SCÈNE III.

ISABELLE, OCTAVE, COLOMBINE.

COLOMBINE.

Comme vous criez! il faut que ce jeune homme soit plus dangereux que vous ne pensiez.

ISABELLE.

Ah! Colombine, il n'en peut plus; il s'est évanoui dans mes bras.

COLOMBINE.

Un garçon qui s'évanouit dans les bras d'une fille! Diantre! il court bien de ces maladies-là cette année.

ISABELLE.

Ah, Colombine! que veux-tu que j'en fasse? Il va me demeurer dans les mains.

COLOMBINE.

Je vais chercher de quoi le faire revenir. Tenez-le toujours bien fort.

SCÈNE IV.

ISABELLE, OCTAVE.

ISABELLE, pleurant.

Je crois qu'il est mort.

OCTAVE.

Pas encore tout-à-fait ; mais je mourrai bientôt, si vous ne me donnez votre main à baiser.

ISABELLE.

Colombine dit que quand une fille a les mains prises, elle ne sauroit plus se revancher.

OCTAVE.

Vous ne le voulez pas ? Ah ! je n'en puis plus !... je rends le dernier soupir !... je suis mort.

(Il retombe.)

ISABELLE.

Colombine ! Colombine !

SCÈNE V.

ISABELLE, OCTAVE, COLOMBINE.

COLOMBINE.

Ouais ! le mal est bien opiniâtre !

ISABELLE.

Ah ! que je suis malheureuse ! il étoit revenu.

COLOMBINE.

Hé bien ?

ISABELLE.

Il m'a demandé ma main à baiser.

COLOMBINE.

Hé bien?

ISABELLE.

Je n'ai pas voulu la lui donner.

COLOMBINE.

Hé bien?

ISABELLE.

Et le voilà retombé.

COLOMBINE.

Tant pis. Dans ces maux-là, les rechutes fréquentes sont dangereuses. Il ne faut pourtant pas laisser mourir un garçon pour une bagatelle. (à Isabelle.) Çà, votre main. (à Octave.) Çà, votre bouche. Cela ne vaut-il pas mieux que de l'eau de la reine d'Hongrie? (On entend un hautbois.) Sauvez-vous; voilà le Major qui arrive.

SCÈNE VI.

ROQUILLARD, ISABELLE, COLOMBINE, MEZZETIN, en grivois, suivi de plusieurs Hautbois qui jouent une marche.

MEZZETIN.

De la joie, de la joie, morbleu! Vive la guerre! (à Isabelle.) Bonjour, la belle; n'êtes-vous pas la fille de notre hôte M. Roquillard?

ROQUILLARD.

Oui, monsieur ; c'est ma fille, et je suis le maître.

MEZZETIN, allant sur lui.

Toi, le maître ? Par la mort ! il faut que je t'assomme.

COLOMBINE.

Ce n'est point ici une hôtellerie, monsieur.

MEZZETIN.

Mon capitaine, le major de Bagnolet, va venir vous épouser par étape, et moi je prends déjà cette fille-là pour mon ustensile.

COLOMBINE.

Il n'est pas dégoûté. Un ustensile comme moi n'est pas à l'usage d'un grivois.

MEZZETIN chante.

Dans le combat, je suis un diable;
Mon nom de guerre est la Fureur :
Mais chez un hôte un peu traitable,
Je suis, par ma bonté, surnommé la Douceur ;
Pourvu qu'il me laisse égorger sa volaille,
Vider sa futaille,
Emporter son manteau,
Je suis doux comme un agneau.
Lorsque mon hôte est raisonnable,
Je ne cherche que son profit;
Si je passe la nuit à table,
C'est pour ne point user ni ses draps ni son lit :
Pourvu qu'il me donne pour mon ustensile
Sa femme, sa fille,
Sa servante Isabeau,
Je suis doux comme un agneau.

Mais j'entends nos équipages.

SCÈNE VII.

ARLEQUIN, en capitaine, avec une jambe de bois; ISABELLE, ROQUILLARD, COLOMBINE.

ARLEQUIN.

NE soyez point surprise, mademoiselle, de voir un amant démantelé : la mousqueterie de vos yeux estropie les libertés les plus libres, et devant vous les cœurs les plus fiers ne marchent qu'en béquilles.

ISABELLE.

Je ne croyois pas, monsieur, que mes yeux fissent des effets si terribles; et si vous n'aviez jamais été exposé qu'à leurs coups, vous marcheriez plus droit que vous ne faites.

ARLEQUIN.

J'avoue, mademoiselle, qu'il y a quelque chose à refaire à mon attitude; mais quand on a été, comme moi, soixante ans exposé aux périls de Mars, on est bien heureux de n'avoir qu'une jambe de bois.

ROQUILLARD.

De pareilles incommodités sont lettres patentes de noblesse; et tout le chagrin que j'ai, c'est de n'avoir pas laissé quelque jambe ou quelque bras à l'arrière-ban.

ARLEQUIN.

Vous étiez là, beau-père, dans un corps dont les

membres ne courent pas grand risque, et où le vivandier a plus de pratiques que le chirurgien. Mais vous n'aurez pas plus tôt fait trente ou quarante campagnes dans mon régiment, qu'il ne vous restera pas une seule dent dans la bouche.

ROQUILLARD.

Il me semble aussi qu'il y a quelque chose à redire à vos yeux.

ARLEQUIN.

Oh! ce n'est rien; c'est qu'au dernier siége il me tomba dans la prunelle gauche une bombe.

ROQUILLARD.

Une bombe!

ARLEQUIN.

Et cela a un peu dérangé l'économie du nerf optique. Mais quoique je n'en voie goutte, je ne laisse pas de m'en servir utilement.

ISABELLE.

Utilement! et à quel usage?

ARLEQUIN.

Je m'en sers pour lire les mémoires de mes créanciers; et aussitôt lus, aussitôt payés.

ISABELLE.

Vous étiez donc à Namur?

ARLEQUIN.

Si j'y étois? oui, par la sambleu! j'y étois; j'en suis encore tout crotté.

ISABELLE.

Et en quelle qualité, monsieur, serviez-vous dans l'armée ?

ARLEQUIN.

Moi, servir ! Hé ! pour qui me prenez-vous donc ? Je commandois en chef le détachement des brouettes qui enlevoient les boues du camp.

ISABELLE.

Vous aviez là, monsieur, un commandement digne de vos mérites.

ARLEQUIN.

Trop heureux, mademoiselle, si avec la brouette de mon amour je pouvois enlever la crotte de votre indifférence, et vous épouser à la tête de ma compagnie !

ISABELLE.

Franchement, monsieur le Major, je voudrois bien épouser un homme tout entier.

ARLEQUIN.

Que dites-vous, la majoresse de ma minorité ?

ROQUILLARD, lui frappant sur l'épaule.

Elle a raison; il lui faut un homme tout entier : un homme n'est déjà pas trop pour une femme, il n'en faut rien supprimer. (à part.) Je ne veux pas la lui donner, moi.

ARLEQUIN, allant fièrement sur Roquillard.

Parlez, parlez donc, barbe de chat; avez-vous jamais été tué ? Savez-vous que quand un homme comme vous refuse sa fille à un homme comme moi, j'assiége la fille en forme comme une place de guerre? Vous allez voir.

(Des soldats de la suite du Major entourent Roquillard, en lui présentant de tous côtés la pointe de la hallebarde ; et pendant ce temps Arlequin emmène Isabelle. Les soldats et Roquillard forment une danse, qui sert de divertissement pour le troisième acte.)

FIN DU TROISIÈME ACTE.

ACTE QUATRIÈME.

SCÈNE I.

OCTAVE, COLOMBINE.

COLOMBINE.

Tout alloit le mieux du monde; vous auriez épousé Isabelle aujourd'hui, sans cet impertinent de comédien françois qui vient d'arriver, et dont Roquillard s'est coiffé.

OCTAVE.

Est-il possible ?

COLOMBINE.

Dame ! ces messieurs-là plaisent à l'ouverture du livre. Tout ce que j'ai pu obtenir, c'est qu'il suspendra son choix jusqu'à ce qu'il vous ait entendu sur la prééminence de vos conditions.

OCTAVE.

Comment veux-tu que je lui fasse entendre mes raisons ? Il ne sait pas l'italien ; et, comme tu vois, je parle assez mal françois.

COLOMBINE.

Si vous voulez, je parlerai pour vous, et dans la dispute une femme vaut toujours mieux qu'un homme. J'ai servi autrefois un comédien italien, et j'en sais assez le fort et le foible.

OCTAVE.

Ah, ma pauvre Colombine! il n'y a rien que tu ne doives attendre de moi, si, par ton moyen, j'épouse Isabelle.

COLOMBINE.

Allez, ne vous mettez pas en peine; je vais tout préparer pour vous servir.

(Il y a ici plusieurs scènes italiennes.)

SCÈNE II.

(L'orchestre joue une marche, et l'on voit entrer deux troupes de comédiens, l'une comique, à la tête de laquelle est Colombine, et l'autre héroïque, ayant à sa tête un comédien françois, habillé à la romaine. Ce rôle est joué par Arlequin.)

Tous les personnages de la pièce; COLOMBINE, LE COMÉDIEN FRANÇOIS; LE PARTERRE, figuré par Mezzetin, qui survient.

COLOMBINE.

Vous voyez devant vous Octave, fidèle de nom, Vénitien d'extraction, amoureux de profession, et acteur sérieux de la troupe risible des comédiens italiens.

LE COMÉDIEN FRANÇOIS.

Alte-là; je m'oppose à ces qualités : dites bande de comédiens italiens, et non pas troupe; c'est un titre qui n'appartient qu'aux comédiens françois. Vous êtes encore de plaisants Bohémiens !

COLOMBINE.

On voit bien que vous vous ressentez toujours de la fierté romaine; vous aimez les titres ; et, si l'on n'y tient la main, vous vous mettrez de pair avec les mouleurs de bois, et vous prendrez dans vos affiches la qualité de conseillers du roi.

UN PORTIER, à Roquillard.

Monsieur, il y a là-bas un gros homme qui fait le diable à quatre pour entrer ; il dit qu'il s'appelle le Parterre.

LE COMÉDIEN FRANÇOIS.

Malepeste ! il faut lui ouvrir la porte à deux battants; c'est notre père nourricier. Qu'il entre, en payant, s'entend.

LE PARTERRE, habillé de diverses façons, ayant plusieurs têtes, un grand sifflet à son côté et d'autres à sa ceinture, prend Roquillard par le bras et le jette par terre.

A bas, coquin.

ROQUILLARD.

Le Parterre a le ton impératif.

LE PARTERRE, à Roquillard.

Qui vous fait si téméraire, mon ami, d'usurper ma juridiction ? Ne savez-vous pas que je suis seul juge, et en dernier ressort, des comédiens et des comédies ? Voilà avec quoi je prononce mes arrêts.

(Il donne un coup de sifflet.)

LE COMÉDIEN FRANÇOIS, déclamant.

Prends un siége, Parterre, prends, et sur toute chose,
N'écoute point la brigue en jugeant notre cause :
Prête, sans nous troubler, l'oreille à nos discours ;
D'aucun coup de sifflet n'en interromps le cours.

(On apporte un fauteuil au Parterre.)

LE PARTERRE, repoussant le fauteuil.

Tu te moques, mon ami; le Parterre ne s'assied point. Je ne suis pas un juge à l'ordinaire; et de peur de m'endormir à l'audience, j'écoute debout.

COLOMBINE.

Le style impérial, l'attitude romaine et le clinquant héroïque de ce déclamateur, pourroient m'alarmer, si je parlois devant un juge moins éclairé que Son Excellence Monseigneur le Parterre.

LE COMÉDIEN FRANÇOIS.

Ah, ah ! Son Excellence ! Monseigneur ! Ah ! voilà bien les Italiens, qui tâchent d'amadouer l'auditeur dans un prologue, et font amende honorable pour demander grâce au Parterre.

LE PARTERRE.

Ils ont beau faire, ils n'en sont pas quittes à meilleur marché que les François : mes instruments à vent vont toujours leur train.

COLOMBINE.

Non, ce n'est point la flatterie qui me dénoue la langue ; je rends seulement les hommages dus à ce souverain plénipotentiaire : c'est l'éperon des auteurs, le frein des comédiens, le contrôleur des bancs du théâtre, l'inspecteur et le curieux examinateur des hautes et basses loges, et de tout ce qui se passe en icelles; en un mot, c'est un juge incorruptible, qui, bien loin de prendre de l'argent pour juger, commence par en donner à la porte de l'audience.

LE PARTERRE.

Hélas! je n'ai pas seulement mes buvettes franches; demandez-le plutôt à la limonadière.

COLOMBINE.

Néron, empereur et comédien italien, fait assez voir la prééminence dont il est question. Tout le monde sait qu'il courut la Grèce dans une de nos troupes, et l'histoire ne fait point mention qu'il ait jamais monté sur le théâtre du faubourg Saint-Germain.

LE COMÉDIEN FRANÇOIS.

Néron? Voilà encore un plaisant farceur! Nous ne l'aurions jamais reçu dans notre troupe. Il étoit trop cruel, et on n'est pas accoutumé à trouver de la cruauté sur nos théâtres.

LE PARTERRE.

Si ce n'est à l'Opéra.

COLOMBINE.

En effet, pour donner à l'univers un comédien italien, il faut que la nature fasse des efforts extraordinaires. Un bon Arlequin est *naturæ laborantis opus*; elle fait sur lui un épanchement de tous ses trésors; à peine a-t-elle assez d'esprit pour animer son ouvrage. Mais pour des comédiens françois, la nature les fait en dormant ; elle les forme de la même pâte dont elle fait les perroquets, qui ne disent que ce qu'on leur apprend par cœur : au lieu qu'un italien tire tout de son propre fonds, n'emprunte l'esprit de personne pour parler ; semblable à ces rossignols éloquents, qui varient leurs ramages suivant leurs différents caprices.

LE COMÉDIEN FRANÇOIS.

Vous des rossignols ! Ma foi, vous n'êtes tout au plus que des merles, que le Parterre prend soin de siffler tous les jours.

LE PARTERRE.

Cela n'est pas vrai. Les Italiens me donnent le mardi et le vendredi pour me reposer ; mais chez les François, je n'ai pas un jour pour reprendre mon haleine.

COLOMBINE.

Si l'on regarde l'intérêt, qui est le seul point de vue dans les mariages d'aujourd'hui, un comédien italien l'emportera toujours sur un françois. Il fait moins de dépense en habits, sa part est plus grosse, et il ne faut quelquefois qu'une médiocre comédie pour faire rouler toute l'année un comédien italien.

LE COMÉDIEN FRANÇOIS.

Je le crois bien : il est aisé de rouler quand on n'a qu'une moitié de carrosse à entretenir.

COLOMBINE.

Nos équipages seroient aussi superbes que les

vôtres, si nous voulions faire des exactions sur le public, et mettre, comme vous, nos premières représentations au double.

LE COMÉDIEN FRANÇOIS.

Est-ce qu'un bourgeois doit plaindre trente sous pour être logé pendant deux heures dans l'hôtel le plus magnifique et le plus doré qui soit à Paris?

COLOMBINE.

Hé! ne nous vantez pas tant les magnificences de votre hôtel : votre théâtre, environné d'une grille de fer, ressemble plutôt à une prison qu'à un lieu de plaisir. Est-ce pour la sûreté des jeunes gens qui sortent de la Cornemuse ou de chez Rousseau, et pour les empêcher de se jeter dans le parterre, que vous mettez des garde-fous devant eux? Les Italiens donnent un champ libre sur la scène à tout le monde; l'officier vient jusque sur le bord du théâtre, étaler impunément aux yeux du marchand la dorure qu'il lui doit encore; l'enfant de famille, sur les frontières de l'orchestre, fait la moue à l'usurier qui ne sauroit lui demander ni le principal, ni les intérêts; le fils, mêlé avec les acteurs, rit de voir son père avaricieux faire le pied-de-grue dans le parterre, pour lui laisser quinze sous de plus après sa mort. Enfin le théâtre italien est le centre de la liberté, la source de la joie, l'asile des chagrins domestiques; et quand on voit un homme à l'hôtel de Bourgogne, on peut dire qu'il a laissé tout son chagrin chez lui, pourvu qu'il y ait laissé sa femme.

LE PARTERRE.

J'en connois qui laissent quelquefois leurs femmes seules au logis, et qui les retrouvent ici en fort bonne compagnie.

COLOMBINE.

Le tout mûrement considéré, je conclus qu'un comédien italien est préférable, par toutes sortes de raisons, à un comédien françois.

LE COMÉDIEN FRANÇOIS.

Je déclame pour maître Titus de la Discorde, comédien d'heureuse mémoire, chevalier, seigneur du Cid, baron de Bérénice, Phèdre, Iphigénie, et autres pièces de sa dépendance; François de nation, Grec ou Romain de profession.

LE PARTERRE.

Voilà de belles qualités; mais par malheur elles ne paroissent qu'aux chandelles, et s'en vont en fumée sitôt qu'elles sont éteintes.

LE COMÉDIEN FRANÇOIS.

Cicéron dans son opinion *pro Roscio Amerino comœdo*, compare une troupe de comédiens à un coche attelé de différents animaux. Le cheval veut aller à droite, l'âne à gauche, le bœuf tire à plein collier, tandis que la mule rétive et malicieuse s'arrête tout court.

LE PARTERRE.

Et moi, je suis le charretier qui fouette ceux qui ne tirent pas à propos. (Il fait aller son sifflet.)

ACTE IV, SCENE II.

LE COMÉDIEN FRANÇOIS.

Qui peut douter, messieurs, que cette peinture ne représente au naturel l'attelage des comédiens italiens? Cicéron étoit Italien, il n'y avoit point encore de comédiens françois dans la république romaine; *ergò*, voilà ces bœufs, ces ânes et ces mules dont le prince de l'éloquence a voulu parler.

COLOMBINE.

Cela est faux. La mule est un animal stérile, et tout le monde sait que Marinette et Colombine ont des enfants tous les neuf mois.

LE PARTERRE, en montrant Marinette grosse.

Exemplum ut talpa.

LE COMÉDIEN FRANÇOIS.

Qu'est-ce qu'un comédien italien? Un oiseau de passage, un étourneau qui vient s'engraisser en France; un vagabond sans feu ni lieu, et sans parents.

COLOMBINE.

Sans parents? Rayez cela de vos papiers. Il n'y a point de comédien italien qui n'ait fait des alliances dans tous les quartiers de Paris.

LE COMÉDIEN FRANÇOIS.

Ces alliances-là ne lui donnent pas le droit de bourgeoisie : il faut avoir, comme les François, pignon sur rue, un hôtel magnifique, bâti de leurs deniers, ou de ceux qu'ils ont empruntés. C'est un héritage hypothécable, une vigne qui n'est point sujette à la grêle, un champ fertile où pour quelques paroles semées à tort et à travers, on recueille tous les jours de l'argent comptant.

LE PARTERRE.

Cette hypothèque-là est bien casuelle. Il ne faut que le mauvais vent d'un sifflet pour envoyer la récolte à tous les diables.

LE COMÉDIEN FRANÇOIS.

Quand un comédien françois n'auroit pour tout bien que sa seule garde-robe, il seroit plus riche que toute l'Italie ensemble, et trouvera toujours une ressource chez le fripier. Le moindre petit confident a de quoi habiller, dans un jour de triomphe, toute la république romaine.

COLOMBINE.

Cela est vrai. Mais si tous les marchands à qui ils doivent leur tiroient chacun leurs plumes, ils feroient le rôle de la corneille d'Ésope, et seroient obligés de jouer les empereurs en pinchina.

LE COMÉDIEN FRANÇOIS.

Je tombe d'accord que l'on doit quelque petite chose dans la rue Saint-Honoré; mais une part entière bouche bien des trous, et trente ou quarante ans de service acquittent plus de la moitié des dettes d'un comédien.

LE PARTERRE.

On ne devroit pas faire crédit à ces messieurs-là. Ils me font toujours payer comptant, et ne me rendent jamais juste la passe de ma pièce de quinze sols.

ACTE IV, SCENE II.

LE COMÉDIEN FRANÇOIS.

Peut-on faire quelque parallèle entre le mérite d'un comédien françois et celui d'un comédien italien? Le premier est le maître des passions; c'est le balancier qui fait mouvoir tous les ressorts de l'âme; c'est un vieux fiacre routiné, qui tient à la main les rênes des passions : tantôt, faisant claquer son fouet, il excite le trouble et la terreur :

Paroissez, Navarrois, Maures et Castillans,
Et tout ce que l'Espagne a nourri de vaillants.

Veut-il inspirer la pitié; il arrête sur le cul ses rosses fatiguées :

N'allons pas plus avant; demeurons, chère OEnone;
Je ne me soutiens plus, la force m'abandonne;
Mes yeux sont éblouis du jour que je revoi;
Et mes genoux tremblants se dérobent sous moi.

Voilà ce qui s'appelle retourner un cœur comme une omelette; et pour faire naître tant de différents mouvements dans l'âme des auditeurs, il faut qu'un comédien françois soit un Protée qui change de face à tout moment, et qu'il ait l'art de peindre toutes les passions sur son visage.

COLOMBINE.

Je ne sais quelle couleur les passions prennent sur le visage de vos comédiens; mais sur celui de vos comédiennes, elles sont toutes peintes en rouge.

LE PARTERRE.

Je crois que les deux troupes se servent du même peintre; c'est à peu près la même manière.

LE COMÉDIEN FRANÇOIS.

Quæ cùm ita sint, je conclus que Roquillard est un sot, s'il ne marie sa fille à la Discorde. En la donnant à un comédien italien, il lui donne tout au plus un homme. Arlequin est toujours Arlequin ; le Docteur toujours le Docteur : au lieu qu'un comédien françois est un mari en plusieurs hommes ; tantôt homme de robe et tantôt homme de guerre, aujourd'hui César et demain Mascarille. Ah! que c'est un grand plaisir pour une femme de tâter un peu de tout, et de pouvoir mettre un mari à toutes sauces! *Finis coronat opus.*

LE PARTERRE, prononçant son jugement.

Pour reconnoître en quelque façon le désintéressement de la troupe italienne, qui ne m'a jamais fait payer que quinze sous, et qui m'a donné la comédie *gratis* à la prise de Namur, j'ordonne qu'Octave épousera Isabelle.

LE COMÉDIEN FRANÇOIS, arrachant ses plumes.

O tempora! o mores! J'appelle de ce jugement-là aux loges.

LE PARTERRE.

Mes jugements sont sans appel.

FIN DES CHINOIS.

LA BAGUETTE DE VULCAIN,

COMÉDIE EN UN ACTE,

Représentée pour la première fois le 10 janvier 1693.

AVERTISSEMENT

DE L'ÉDITEUR

SUR LA BAGUETTE DE VULCAIN,

ET

SUR L'AUGMENTATION DE LA BAGUETTE.

Cette pièce, que Regnard fit en société avec Dufresny, fut jouée pour la première fois le 10 janvier 1693.

On lit dans les Anecdotes dramatiques qu'elle eut un succès prodigieux dans sa nouveauté, et rien ne le prouve mieux que l'addition que les auteurs y firent sous le titre d'*Augmentation à la Baguette de Vulcain*. La pièce fit passer l'*Augmentation*, comme un tonneau de vin vieux en fait débiter plusieurs de vin nouveau. Cette comparaison est des auteurs eux-mêmes. L'*Augmentation* commence par le conte d'un cabaretier qui avoit un muid de bon vin vieux : tout le monde en vouloit avoir ; et il s'avisa, pour le perpétuer, de remplacer sans cesse par du vin nouveau ce qu'il ôtoit du tonneau. Le conte est appliqué à la pièce. *La Baguette de Vulcain* est le bon vin vieux, que le public savoure depuis trois mois, et qui doit faire passer plusieurs scènes ajoutées, qui sont le vin nouveau.

Ce n'est pas cependant que ces trois scènes soient inférieures à la pièce ; elles sont épisodiques comme les autres, et toutes roulent sur des demandes étrangères les unes aux autres, que Roger et le Druide sont chargés de décider. Il faut même qu'à la représentation on ait inséré les scènes de l'*Augmentation* dans la pièce ; non seulement les deux couplets ajoutés au Vaudeville le demandoient, mais la question de Bélise à Roger : « Jouez-vous encore aujourd'hui votre « *Baguette de Vulcain ?* » (scène première de l'*Augmentation*) ne peut se faire qu'avant que *la Baguette* soit jouée.

Le titre de la pièce est pris de *la Baguette divinatoire*, qui, dans les mains du nommé Jacques Aymar, avoit alors beaucoup de réputation dans Paris. Mais la pièce ne remplit pas son titre ; car il n'y a qu'une seule circonstance où *la Baguette* produise l'effet qui lui est propre ; c'est quand elle fait trouver le mari de Mélisse.

Au reste, toute la fortune de *la Baguette* nous paroît devoir être attribuée à cette scène, et à celle où les mœurs du temps sont mises en opposition avec celles que l'on suppose avoir existé deux cents ans auparavant; encore peut-on dire que l'ignorance de Roger sur ces mœurs anciennes est bien déplacée : il vivoit sans doute dans le temps que Bradamante a été enchantée, puisqu'il étoit son amant.

PERSONNAGES.

ROGER. *Arlequin.*
BRADAMANTE. *Isabelle.*
MÉLISSE. *Colombine.*
FLORIDAN. *Octave.*
ZERBIN. *Pierrot.*
GABRINE, femme de Zerbin.
UN GÉANT, personnage muet.
BRANDIMART, mari de Mélisse. *Pasquariel.*
UN DRUIDE, personnage chantant.

La scène est dans une île enchantée.

LA
BAGUETTE DE VULCAIN,
COMÉDIE.

SCÈNE I.

Le théâtre représente une grotte obscure, défendue par un géant couché à l'entrée de la grotte.

(Une marche militaire, et un bruit de trompettes et de tambours, annoncent l'arrivée de Roger.)

ROGER, seul.

Enfin, Roger, voici le jour où tu dois donner des marques de ta valeur, et délivrer Bradamante de l'enchantement qui la possède depuis deux cents ans.

O Amour! petit dieu félon,
Toi qui fais flamber ton brandon
Dans le tréfond de ma poitrine,
Corrobore mon cœur craintif
Par un julep confortatif;
Car l'hideux aspect de la mine
De ce géant rébarbatif
Fait jà sur moi, pauvre chétif,
Les effets d'une médecine.

Toi, glouton, ribaut, Sarrasin,
Qui, par ton dol et mal engin,
Retiens ma gente tourterelle;
Dis-moi si tes bras pourfendants
Ont bien pu garder si long-temps
L'honneur de cette jouvencelle?
Hélas! dans nos jours verglissants,
Pour conserver une pucelle
Jusqu'à l'âge de quatorze ans,
Combien faudroit-il de géants!

Mais il est temps de mettre à fin l'œuvre commencée. Combattons ce géant pendant qu'il est endormi.

(Roger combat le géant, le vainc; ensuite il touche la caverne de sa baguette, et elle se change en un jardin agréable, au milieu duquel est Bradamante, endormie sur un lit de fleurs.)

SCÈNE II.

BRADAMANTE, ROGER.

ROGER.

Allons, allons, debout : depuis deux cents ans de sommeil n'êtes-vous pas lasse de dormir? On ne sauroit tirer une femme du lit.

BRADAMANTE se réveille.

Où suis-je?

ROGER.

Je vous demande pardon, la belle, si je vous ai interrompue dans un rêve dont peut-être vous auriez été bien aise de voir la fin.

SCENE II. 75

BRADAMANTE.

Ciel! que vois-je?

ROGER.

Le coloris de mon visage vous surprend? Apprenez que depuis deux cents ans les hommes ont changé du blanc au noir, et les femmes du noir au blanc et au rouge.

BRADAMANTE.

Quoi! il y a deux cents ans que je n'ai vu le jour?

ROGER.

Assurément.

BRADAMANTE.

Hélas! je ne trouverai donc plus l'amant qui m'étoit destiné pour époux?

ROGER.

Oh! pour des amants, vous n'en manquerez pas; mais pour des épouseux, *rara avis in terris*. Vous étiez donc fille quand vous vous êtes endormie?

BRADAMANTE.

Vraiment oui.

ROGER.

Et l'êtes-vous encore?

BRADAMANTE.

Assurément.

ROGER.

La chose est problématique, et je crois que vous n'auriez pas dormi si tranquillement. Mais dites-moi, je vous prie, comment faisoit-on l'amour de votre temps?

BRADAMANTE.

Le cœur se payoit par le cœur. Une fille croyoit tout ce que lui disoit son amant, et l'amant ne disoit que ce qu'il pensoit. La tendresse duroit autant que la vie; plus on étoit amoureux, plus on étoit aimé; plus on étoit aimé, plus on étoit fidèle; et on ne consultoit que l'amour pour faire les mariages.

ROGER.

Oh! que ce n'est plus le temps! Quand on veut se marier aujourd'hui, on va chez le père et la mère marchander une fille comme une aune de drap : et tel qui croit acheter la pièce tout entière, trouve souvent qu'on en a levé bien des échantillons. Mais de votre temps, comment un mari vivoit-il avec sa femme?

BRADAMANTE.

Dans une union charmante; la volonté, les biens, les plaisirs, tout devenoit commun, sitôt qu'on s'étoit donné la foi.

ROGER.

Oh! que ce n'est plus le temps! Premièrement, dans ce siècle-ci, il n'y a plus de foi à donner, et la communauté ne subsiste que dans les articles du contrat. Un mari n'a rien de commun avec sa femme que le nom et la qualité; il a sa table seul, son carrosse seul, sa chambre seul; il n'y a que son lit que bien souvent il n'a pas tout seul. Mais de votre temps, avoit-on trouvé l'art de s'égorger avec la plume? plaidoit-on vigoureusement? Qui est-ce qui rendoit la justice?

SCENE II.

BRADAMANTE.

C'étoient d'anciens et vénérables magistrats, qui passoient la nuit à examiner les procès, et le jour à les juger.

ROGER.

Oh! que ce n'est plus le temps! La plus grande partie de nos juges passent présentement la nuit à courir le bal, et le jour à dormir à l'audience.

BRADAMANTE.

Comment peuvent-ils donc apprendre leur métier?

ROGER.

Cela n'empêche pas qu'ils ne sachent la procédure comme des Césars, surtout en amour; et les arrêts qu'ils rendent auprès des dames, sont, l'été, par défaut contre les officiers, et l'hiver, contradictoires avec les financiers. De votre temps avoit-on des comédies?

BRADAMANTE.

Les plus divertissantes du monde : elles étoient agréablement mêlées de danses et de symphonies.

ROGER.

Oh! que ce n'est plus le temps! Tout cela est retranché, et nos théâtres seroient terriblement lugubres, si messieurs du parterre ne prenoient soin quelquefois de les égayer avec leur symphonie.

BRADAMANTE.

Mais, après avoir satisfait à toutes vos questions, ne puis-je savoir, brave champion, à qui je suis redevable de ma délivrance?

ROGER.

A moi, qui suis la fleur de la chevalerie, le redresseur des torts et le syndic de toute la magie. Je vais vous faire voir des effets de ma puissance. *Alli Astaroth, Abracadabra. Barbara celarent darii ferio baralipton.*

(En disant ces mots, il touche de sa baguette les figures enchantées de la suite de Bradamante, qui s'animent au son du violon.)

SCÈNE III.

MÉLISSE, ROGER.

MÉLISSE.

Que je suis malheureuse! je vois tout le monde en joie; mais pour moi, je ne saurois rire.

ROGER.

Qu'avez-vous donc, la belle larmoyeuse?

MÉLISSE, pleurant.

J'avois un mari.... hi! quand je fus enchantée.... hé! et je ne le trouve plus.... hu, hu!

ROGER.

Quoi! la perte d'un mari vous afflige si fort? Vous avez beau pleurer en musique, vous ne trouverez guère de veuves qui fassent la contre-partie avec vous.

MÉLISSE.

Monsieur le sorcier, vous qui êtes si habile homme, ne pourriez-vous pas me faire retrouver mon cher époux?

SCENE III.

ROGER.

Rien ne m'est impossible. Par la vertu de cette baguette, je découvre les eaux et les trésors les plus cachés; c'est avec cette baguette que je suis les meurtriers à la piste, par mer et par terre; et c'est enfin avec cette baguette que je retrouve les maris perdus.

MÉLISSE.

Est-il possible? Je crois que sans moi vous n'auriez guère de pratiques; car un mari est un meuble qui ne se perd pas aisément, et je n'ai point encore vu d'affiches pour des maris perdus.

ROGER.

Mais il est bon de vous avertir que ma baguette n'a de vertu que sur des maris d'une certaine espèce. Parlez-moi franchement : avez-vous toujours été bien fidèle au vôtre?

MÉLISSE.

Si j'ai été fidèle? J'aurois dévisagé un homme qui auroit eu la hardiesse de me regarder seulement entre deux yeux.

ROGER.

Tant pis! je ne saurois rien faire pour vous.

MÉLISSE.

Et pourquoi?

ROGER.

C'est que ma baguette est un présent qui m'a été fait par Vulcain : elle n'a point de vertu sur les maris dont les femmes ont été fidèles; mais quand elle approche d'un mari tant soit peu vulcanisé.... Voyez, examinez bien votre conduite. Pour peu que vous ayez écorné la fidélité matrimoniale, je vous réponds de retrouver votre mari.

MÉLISSE.

Et mais.... mais....

ROGER.

Allez, allez ; parlez en toute assurance.

MÉLISSE.

Il venoit chez nous autrefois un certain petit plumet, qui étoit terriblement sémillant. Monsieur, est-ce assez pour la baguette ?

ROGER.

Oh ! non, non.

MÉLISSE.

J'ai reçu aussi des présents d'un banquier qui faisoit tout ce qu'il pouvoit pour faire profiter son argent auprès de moi. Monsieur, est-ce assez pour la baguette ?

ROGER.

Eh ! non ! vous dis-je, non.

MÉLISSE.

Oh dame ! s'il faut tant de choses !

ROGER.

Mais que diable ! il faut ce qu'il faut, une fois.

MÉLISSE.

Attendez, attendez.

ROGER.

Hé ! la, voyez, voyez.

SCENE III.

MÉLISSE.

Il fréquentoit aussi au logis un petit blondin à rabat, qui....

ROGER.

Doucement. Cet homme à rabat étoit-il de la grande ou de la petite espèce?

MÉLISSE.

Mais son rabat étoit de quatre doigts plus court que celui d'un conseiller, et nous allions souvent nous promener ensemble.

ROGER.

Il n'y a pas encore là de quoi faire tourner la baguette.

MÉLISSE.

Il me mena une fois promener hors de la ville; mais malheureusement la flèche de son carrosse rompit, et nous fûmes obligés de coucher à sa maison de campagne.

ROGER.

Oh! en voilà plus qu'il n'en faut. Nous retrouverons votre mari, fût-il dans le centre de la terre. Voyez la vertu de ma baguette.

(Roger fait tourner sa baguette, qui prend la figure d'un croissant; aussitôt le mari de Mélisse paroît.)

SCÈNE IV.

ROGER, MÉLISSE, LE MARI DE MÉLISSE, UN DRUIDE.

(Le mari de Mélisse est inquiet du mouvement de la baguette, et en demande la raison.)

MÉLISSE, à son mari.

Va, va, mon mari, ne te chagrine point : tu m'as plus d'obligation que tu ne penses ; car sans moi tu n'aurois jamais été retrouvé.

ROGER.

Cela est vrai ; sans la flèche rompue, vous étiez un homme perdu.

(Le mari de Mélisse insiste et se fâche.)

ROGER.

Puisque vous voulez être éclairci, voilà le Druide, qui est l'oracle de ce pays-ci, qui va vous éclaircir.

LE DRUIDE chante.

Une femme est encor trop sage,
Lorsqu'après avoir fait naufrage,
Elle veut bien cacher l'écueil à son époux :
Mais un mari qui connoît son dommage
Doit filer doux,
De peur d'apprendre au voisinage
Qu'il a raison d'être jaloux.

ROGER chante sur l'air : *Réveillez-vous, belle endormie.*

Ne crains point que le voisin cause,
Son mal est trop égal au tien :

Quand on le sait, c'est peu de chose;
Quand on l'ignore, ce n'est rien.

SCÈNE V.

ROGER, FLORIDAN, LE DRUIDE, UNE BERGÈRE, femme de Floridan.

FLORIDAN.

En me rendant le jour,
Rendez le calme à mon amour.

ROGER.

En quatre mots, dites-moi votre affaire.

FLORIDAN.

Avant d'être enchanté, cette jeune bergère,
Entre plusieurs amants, me choisit pour époux.
Ce nom, qui vous paroît si doux,
Ne peut encor me satisfaire;
Et je sais que, pour l'ordinaire,
L'amant que l'on distingue avec de si beaux nœuds,
N'est pas toujours le plus heureux.

ROGER.

Je vous entends, du moins je vous devine;
Ou je me trompe, ou vous avez la mine
D'être le fils d'un fermier bien renté,
Dont le riche mérite a si fort éclaté
Aux yeux d'une avare maîtresse,
Qu'elle a refusé la tendresse
De vos rivaux.

FLORIDAN.

Mon père étoit rentier;
Mais je n'ai point traité l'amour en financier,
Et j'ai gagné son cœur à force de tendresse.

ROGER.

J'en doute fort; mais baste, on vous le laisse,
Puisque par un contrat vous l'avez acheté :
Il est à vous, j'entends pour la propriété,
Car l'usufruit, c'est autre chose;
Il faut que la femme en dispose.

FLORIDAN.

Cet usufruit est encor de mon lot;
Pour le céder, il faudroit être un sot.

ROGER.

Un sot, d'accord.

FLORIDAN.

Oh! point de raillerie :
Une femme n'est pas comme une métairie;
J'en veux être le maître, et non pas le fermier;
Et par la sambleu! le premier....

ROGER.

Oh! tout beau; respect au Druide :
Je ne fais qu'opiner, mais c'est lui qui décide.

LE DRUIDE chante.

Ne craignez rien, l'hymen est votre asile;
Le nom d'époux écarte les rivaux :
De votre Iris la garde est inutile;
Ne songez plus qu'à garder vos troupeaux.

ROGER chante sur l'air : *O le bon vin! tu as endormi ma mère.*

O le bon temps
Où l'hymen servoit d'asile !
Mais pour à présent,
Toureloure, loure, loure,
Ce n'est qu'un manteau pour couvrir l'amant.

SCÈNE VI.

ROGER, ZERBIN, GABRINE, LE DRUIDE.

ROGER.
A qui donc, s'il vous plaît,
En veut ce grand benêt ?

ZERBIN.
Je venons.... pour.... tenez, j'enrage :
Enfin, je nous plaignons de n'avoir point d'enfants.
Je crois que je n'avons pas l'âge ;
Et c'est la faute à nos parents,
Qui nous ont mis trop tôt en mariage.

ROGER.
Quel âge avez-vous, bonnes gens ?

ZERBIN.
Je n'ai guère que quarante ans.

GABRINE.
J'aurai trente ans viennent les preunes..

ROGER.
Les pauvres petits sont tout jeunes.
A trente ans porter fruit ! Oh ! cela ne se peut.
Cependant, si votre époux veut

Je pourrai vous donner une dispense d'âge.
Mais depuis quand, la belle, êtes-vous en ménage?

GABRINE.

Je ne sais pas compter le temps par l'almanach;
Mais j'ai bien remarqué que, depuis ce temps-là,
Ma vache a fait deux viaux.

ROGER.

C'est qu'elle étoit en âge.
Mais qui peut donc causer votre stérilité?
N'avez-vous pas tous deux, depuis le mariage,
  Sous le même toit habité?

ZERBIN.

  Oh! qu'si, car un jour Mathurine
  Nous enfermit dans la cuisine;
  Et quand je fûmes là tous deux,
  Je demeurîmes si honteux....

ROGER.

C'est la pudeur de l'extrême jeunesse.

GABRINE.

Moi, pour ne point le voir, j'usis d'une finesse;
Je me fermis les yeux avecque mes cinq doigts.

ZERBIN.

  Moi, je n'en fis pas à deux fois;
Je grimpis tout au haut de notre cheminée,
Et j'y fus sans grouiller toute l'après-dînée.

ROGER.

  Et depuis ce temps-là?

ZERBIN.

Je nous fuyons, faut voir.

SCENE VI.

ROGER.

Et, malgré tout cela,
Vous ne sauriez avoir lignée?
Je vois bien du malheur à votre destinée;
Car je connois bien des époux
Qui prennent à se fuir autant de soin que vous,
Et qui, malgré leur mésintelligence,
Ont des enfants en abondance.

ZERBIN.

Que ces pères-là sont heureux!
Hélas! que ne suis-je comme eux!

ROGER.

Leurs femmes sont bien plus heureuses.

GABRINE.

Qu'elles doivent être joyeuses
D'avoir tant de petits marmots
Qui ne coûtent rien à leur père!
Apprenez-moi comme il faut faire.

ROGER.

Le Druide à l'instant vous en dira deux mots.

LE DRUIDE chante.

Je ne veux point troubler votre ignorance,
Ni vous montrer un chemin trop battu;
Pour être sage, une heureuse indolence
Vaut souvent mieux qu'une foible vertu.

ROGER chante.

Au bon vieux temps
La femme étoit sans science;
Mais pour à présent,

Tourcloure, loure, loure,
La fille sait tout avant quatorze ans.

DIVERTISSEMENT.

Toutes les personnes que Roger a désenchantées témoignent leur allégresse par des danses et des chansons.

VAUDEVILLE.

LE DRUIDE.

La verte jeunesse,
Qui tourne à tout vent,
Peut jouir sans cesse
Du plaisir présent;
Mais la jouissance
Du vieillard cassé,
C'est la souvenance
Du bon temps passé.

LE CHOEUR.

C'est la souvenance, etc.

GABRINE.

Dans notre village,
Grâce à nos parents,
Toute fille est sage
Jusqu'à cinquante ans;
Car c'est être sage
D'avoir des amants:
Suivons donc l'usage
De ce bon vieux temps.

LE CHOEUR.

Suivons donc l'usage, etc.

SCENE VI.

BRANDIMART.

Que cent ans d'absence
Échauffe un mari !
Mais cette apparence
M'a bien refroidi.
Pour garder mon âme
D'un soin inutile, [1]
J'ai trouvé ma femme ;
Quelqu'un la veut-il ?

LE CHOEUR.

J'ai trouvé ma femme, etc.

MÉLISSE.

Malgré l'apparence
Qui frappe tes yeux,
Dors en assurance,
Tu seras heureux ;
Rallume ta flamme,
Je jure ma foi,
Qu'il n'est point de femme
Plus sage que moi.

LE CHOEUR.

Qu'il n'est point de femme, etc.

FLORIDAN.

Qui pour l'hyménée
Prend jeune catin,
A la destinée
D'un marchand de vin ;
Vainement il tente
De garder son muid ;

---

[1] *Inutile*, rime féminine, ne rime point avec *veut-il*. Dans les éditions précédentes, on imprimoit *inutil*.

Vin nouveau s'évente,
Vin gardé s'aigrit.

LE CHOEUR.

Vin nouveau s'évente, etc.

BRADAMANTE.

Toi qui peux tout faire
Par enchantement,
Reprends ta lumière,
Ou rends mon amant :
Le soleil qui brille
Fait quelque plaisir ;
Mais pour rester fille,
J'aime autant dormir.

LE CHOEUR.

Mais pour rester fille, etc.

ROGER.

Il n'est rien qu'on n'tente
Pour avoir la foi
D'une Bradamante
Faite comme toi :
Quel plaisir, fillette,
D'être ton mari,
Si de la baguette
On est garanti !

LE CHOEUR.

Si de la baguette
On est garanti.

FIN DE LA BAGUETTE DE VULCAIN.

L'AUGMENTATION

DE

LA BAGUETTE,

COMÉDIE EN UN ACTE.

PROLOGUE

DE L'AUGMENTATION

DE LA BAGUETTE.

ARLEQUIN, en habit de Roger, au parterre.

Tandis que nos musiciens prendront haleine, il ne vous déplaira pas, messieurs, que je vous fasse un petit conte.

LE CABARETIER.

CONTE.

Ces jours gras, un cabaretier,
Des plus fripons de son métier,
Avoit un muid, pour tout potage,
D'un bon vin vieux de l'Hermitage.
Un voisin curieux en voulut un flacon;
Les voisins du voisin le trouvèrent si bon,
Qu'ils en firent tirer mainte et mainte bouteille.
Mon scélérat, croyant faire merveille,
Et perpétuer son tonneau,
Le remplissoit de vin nouveau.
Les fins gourmets entroient en danse,

L'argent venoit en abondance;
Bref, la pièce eut tant de crédit,
Qu'il ne fut ni grand ni petit,
Qui n'en voulût boire chopine.
Mon matois faisoit bonne mine;
Plus le vin vieux il débitoit,
Et plus le vin nouveau marchoit,
Espérant, par ce stratagème,
S'engraisser pendant le carême :
Mais par malheur le bon vin vieux s'usa,
Et le nouveau du tonneau s'empara;
Tant qu'à la fin, pour finir mon histoire,
Personne n'en voulut plus boire.

A l'application.

Nous sommes, ne vous en déplaise,
Ce fripon de cabaretier,
Qui depuis trois mois, à notre aise,
Faisant valoir notre métier,
Allongeons notre comédie,
Et qui mêlons dans le tonneau
Quelques pintes de vin nouveau,
Pour vous le faire enfin boire jusqu'à la lie.

Le parterre, qui seul règle notre destin,
Est ce fin gourmet de voisin
Qui nous attire l'abondance;
Mais aussi, par reconnoissance,
Pour quinze sous nous lui donnons

PROLOGUE.

Pareil vin qu'au théâtre un écu nous vendons.
Nous allons vous donner encor quelques bouteilles
    De ce râpé par les oreilles :
    Messieurs, nous serons trop heureux
Si le vin nouveau passe à la faveur du vieux.

FIN DU PROLOGUE.

PERSONNAGES.

ROGER. *Arlequin.*
BÉLISE. *Colombine.*
ANGÉLIQUE. *Isabelle.*
NIGAUDIN. *Mezzetin.*
LE DRUIDE.
LA FEMME DE NIGAUDIN, personnage muet.

L'AUGMENTATION

DE

LA BAGUETTE,

COMÉDIE.

SCÈNE I.

BÉLISE, ROGER, LE DRUIDE.

BÉLISE.

Hola! ho, quelqu'un! portier, limonadier, ouvreuses de loges! Depuis trois mois on ne sauroit trouver à se placer dans cet hôtel de Bourgogne.

ROGER, au parterre.

Voilà une de ces bouteilles de vin que je vous avois promises; mais elle me paroît bien aigre.

BÉLISE.

Bonjour, monsieur; jouez-vous encore aujourd'hui votre *Baguette de Vulcain?*

ROGER.

Si nous la jouons? Je le crois, ma foi; et il ne tiendra qu'à ces messieurs (montrant le parterre.) que nous ne la joüions encore trois mois. Apparemment, madame, que vous cherchez votre mari? Est-il dans le cas de la baguette?

BÉLISE.

Moi, un mari? Moi, chercher mari? Est-ce que j'ai l'air d'une femme à mari?

ROGER.

Je vous demande pardon; je vois bien que vous n'êtes qu'une femme à galant.

BÉLISE.

Un bel esprit comme moi, me soupçonner de dégénérer jusqu'aux êtres matériels! Apprenez, mon ami, que j'ai épousé l'antique, et que je n'aurai jamais d'autres maris que Juvénal, Horace, Virgile, et surtout le bon homme Homère.

ROGER.

Vous avez fait là de belles épousailles! Avec de pareils maris, vous aurez bien de la peine à réparer les torts que la guerre cause au genre humain.

BÉLISE.

Assez de filles se chargeront de ce soin-là; pour moi, je passe mes jours avec les livres, et je ne m'endors point que je n'aie une douzaine d'auteurs anciens sous mon chevet.

ROGER.

On ne dispute pas des goûts; mais je connois des femmes aussi spirituelles que vous qui dorment plus volontiers avec des modernes.

BÉLISE.

On dit que dans votre comédie vous faites une

SCENE I.

comparaison du vieux temps avec le nouveau. Cela n'auroit-il pas quelque rapport avec le parallèle des anciens et des modernes, qui partage à présent tous nos beaux esprits? Quel parti prenez-vous dans cette dispute-là, vous autres comédiens?

ROGER.

Mais, madame, je vous en fais juge vous-même. En mille ans, les auteurs anciens ne nous produiroient pas un verre d'eau; et ce sont les modernes, comme vous voyez, qui font bouillir notre marmite.

BÉLISE.

Si je savois que vous parlassiez sérieusement, et que vous prissiez le parti des modernes....

ROGER.

Eh! que feriez-vous?

BÉLISE.

Ce que je ferois! Je troublerois vos spectacles, je louerois des gens pour siffler, et je vous empêcherois de parler françois, jusqu'à ce que Pasquariel eût été reçu, pour son beau langage, à l'Académie.

ROGER.

L'herbe auroit tout le temps de croître dans le parterre. Mais vous entrez bien chaudement dans les intérêts de l'antiquité.

BÉLISE.

Si j'y entre chaudement! Vous ne savez donc pas

que je suis le flambeau fatal qui vient d'allumer la guerre parmi les gens de lettres?

ROGER.

Je ne croyois pas que cette nation-là fût belliqueuse.

BÉLISE.

Que dites-vous? Dans le dernier combat, trois de nos chefs furent blessés à mort d'un seul coup d'épigramme.

ROGER.

Si on charge une fois les sonnets à cartouche, il en demeurera bien sur le carreau : les Invalides ne suffiront pas pour les blessés; il en faudra mener quelques uns aux Petites-Maisons.

BÉLISE.

Je soutiendrai les anciens envers et contre tous.

ROGER.

J'ai à vous dire qu'il est inutile de vous tant échauffer; cette guerre-là est terminée.

BÉLISE.

Cela ne se peut. On ne fait rien à l'Académie sans me consulter.

ROGER.

Je ne sais pas si cela se peut ; mais je sais bien que voilà l'arrêt que je porte dans ma poche. Lisez.

BÉLISE.

Voyons. (Elle lit.)

ÉPIGRAMME.

Ces jours passés, en bonne compagnie,
Trois héros de l'Académie

SCÈNE I.

S'échauffoient sur le différend
Qui tient tout Paris en suspend.
Des modernes auteurs l'un prenoit la défense ;
L'autre des anciens soutenoit les raisons :
Le plus savant des trois prit en main la balance ;
Et moi, dit-il, je suis pour les jetons.
Oh! je ne m'arrête pas à cette décision-là.

ROGER.

Voilà le Druide, qui est un antique, qui vous en donnera une autre.

LE DRUIDE chante.

En vain une fille, à votre âge,
Donne son suffrage
Pour l'antiquité,
Son esprit a beau faire,
Son cœur plus sincère
Décide pour la nouveauté.

ROGER.

Air : *Réveillez-vous, belle endormie.*

Juvénal, Horace et Virgile,
En bon françois, sont des nigauds ;
Il vous faut un mari, la fille,
Mais un mari de chair et d'os.

SCÈNE II.

ANGÉLIQUE, ROGER, LE DRUIDE.

ANGÉLIQUE.

Ah, monsieur l'enchanteur! j'ai recours à votre sorcellerie.

ROGER.

Voilà un jeune tendron qui ne seroit pas mauvais à enchanter, et je mêlerois volontiers ma magie noire avec sa magie blanche.

ANGÉLIQUE.

On dit que vous avez réveillé une fille qui dormoit depuis deux cents ans. Ne pourriez-vous point endormir ma mère pour la moitié de ce temps-là ?

ROGER.

Endormir une mère ! J'aimerois mieux avoir dix maris à bercer.

ANGÉLIQUE.

Faites-la donc dormir seulement deux ou trois jours, pour me donner le temps de me marier sans lui en rien dire.

ROGER.

Le bon naturel de fille ! Hélas ! une pauvre petite mineure qui cherche à s'émanciper ! Cela me fend le cœur !

ANGÉLIQUE.

Oh ! je l'en avertirai, sitôt qu'elle sera éveillée.

ROGER.

Cela est dans l'ordre.

ANGÉLIQUE.

Il n'y a plus moyen de durer avec cette femme-là : elle veut que je vive dans la régularité où l'on étoit de son temps ; et cela ne s'accommode pas avec la réforme de celui-ci.

SCENE II.

ROGER.

Je vous sais bon gré, à votre âge, d'aimer la réforme.

ANGÉLIQUE.

Elle veut m'habiller à sa fantaisie. Le dernier corps qu'elle m'a fait faire me va jusqu'au menton ; et vous savez qu'une fille aimeroit autant n'avoir point de gorge que de ne la pas montrer.

ROGER.

C'est que les filles d'aujourd'hui aiment le grand air.

ANGÉLIQUE.

Elle me contrôle sur tout. Croiriez-vous qu'elle me défend de manger d'aucun ragoût ? Elle dit qu'autrefois les femmes ne vivoient que de fruit et de laitage.

ROGER.

C'est à peu près la même chose à présent, excepté que le fruit que mangent les dames est un peu plus épicé ; et elles ont trouvé le moyen de se rafraîchir avec des jambons de Mayence, des mortadelles et des cervelas de la rue des Barres. Pour leur laitage, c'est ordinairement du vin de Champagne comme il sort du tonneau.

ANGÉLIQUE.

Du vin de Champagne! Fi donc! cela gâte le teint ; et je n'en bois plus depuis que ma cousine m'a appris à boire du ratafia.

ROGER.

Vous avez là une jolie cousine.

ANGÉLIQUE.

Vous ne voulez donc point endormir ma mère?

ROGER.

Non; car dans la colère où je suis contre elle, si je l'endormois une fois, elle courroit risque de ne s'éveiller de sa vie.

ANGÉLIQUE.

Apprenez-moi donc ce qu'il faut faire pour l'empêcher de gronder.

ROGER.

Voilà le Druide, qui est homme expert dans ces cas-là; il va vous satisfaire.

LE DRUIDE chante.

Mère qui gronde,
Qui tempête et qui fronde,
Fait son emploi dans le monde
Quand elle est sur son retour.
Fille qui la laisse dire,
Et qui n'en fait que rire,
Fait sa charge à son tour.

ROGER.

Air: *De lanturelu.*

Quand mère sauvage
Dit dans ses leçons
Que fille à votre âge
Doit fuir les garçons,
Vous devez répondre:
C'est ce que j'ai résolu
Lanturelu, lanturelu, lanturelu.

SCÈNE III.

NIGAUDIN, LA FEMME DE NIGAUDIN,
personnage muet; ROGER, LE DRUIDE.

NIGAUDIN.

Bonjour, monsieur. Quand je vous vois,
Je ne puis m'empêcher de rire.

ROGER.

M'as-tu déjà vu quelquefois?

NIGAUDIN.

Par ma foi, je ne sais qu'en dire.
Or donc, pour revenir à mon premier discours....
Mais vous m'interrompez toujours.

ROGER.

J'aurois vraiment grand tort; la harangue est jolie.

NIGAUDIN.

Vous saurez donc, monsieur, qu'on a sa fantaisie;
Tantôt on est garçon, tantôt on ne l'est plus.
Il n'est rien tel que les cocus;
Car ils le sont toute leur vie.

ROGER.

Demandez-le plutôt à monsieur que voilà.

NIGAUDIN, montrant sa femme, qui est fort laide.

Vous voyez bien cette poulette-là,
C'est ma femme, quoi qu'on en dise.
Savez-vous pourquoi je l'ai prise?

ROGER.
Pour son bien, ses parents?

NIGAUDIN.
Non, c'est pour sa beauté.

ROGER.
Qui diable s'en seroit douté?

NIGAUDIN.
Mais regardez-la bien; c'est elle
Qui me fait bouillir la cervelle :
Je croyois qu'au bout de neuf mois
Une femelle au moins un enfant devoit rendre.

ROGER.
Combien t'a-t-elle fait attendre?
Un an?

NIGAUDIN.
Oh!

ROGER.
Deux ans?

NIGAUDIN.
Oh!

ROGER.
Dix ans?

NIGAUDIN.
Oh! que nenni.
Elle a mis tout au plus quatre mois et demi,
Et je crains quelque stratagème.

ROGER.
C'est bien peu ; mais avec une femme qu'on aime,
Il ne faut pas entrer dans un calcul bourgeois,

SCENE III.

Ni prendre garde à trois ou quatre mois.

NIGAUDIN.

C'est pourtant le hic de l'affaire.
C'est ce qui fait que bien souvent
On n'est pas père d'un enfant,
Quoiqu'on soit mari de sa mère.

ROGER.

Tu n'éprouves pas seul un pareil accident;
Et si l'on comptoit bien l'absence ou la présence
De la plupart de nos maris,
On trouveroit que dans Paris
Il seroit peu d'enfants dont la naissance
Ne vînt ou trop tôt ou trop tard,
A moins que l'on ne fît un almanach bâtard.

NIGAUDIN.

Vous ne croyez donc pas que la progéniture
Soit tout-à-fait de ma manufacture?

ROGER.

Il faut toujours s'en faire honneur,
Et peut-être en es-tu l'auteur.
Il est des enfants vifs qui cherchent la lumière
Presque aussitôt qu'ils sont conçus;
Et les femmes d'esprit sur pareille matière
Font aisément des impromptus.

NIGAUDIN.

Cet enfant est venu, tout franc, trop à la hâte,
Et je crois n'avoir pas mis la main à la pâte.

ROGER.

Mais quel âge avoit-il?

NIGAUDIN.

Je vous l'ai déjà dit ;
Quatre mois et demi.

ROGER.

Qu'est-ce qu'il me lanterne ?
Ton enfant est produit à terme.
A quoi bon faire tant de bruit ?
Quatre mois et demi de jour, autant de nuit ;
A neuf mois le total se monte.
Hé bien, n'est-ce pas là ton compte ?

NIGAUDIN.

Vous avez raison cette fois.
Je suis bien plus heureux que je ne le pensois.
Viens, ma pouponne ;
Viens, ma bouchonne,
Que je répare ton honneur.

ROGER.

Le Druide va te calmer l'esprit par un petit couplet de chanson.

LE DRUIDE chante.

Vous n'avez pas besoin qu'on vous console ;
Elle a tout l'air d'une femme d'honneur :
J'en jurerois presque sur sa parole ;
Mais j'aime mieux jurer sur sa laideur.

ROGER chante.

Air : *O le bon vin ! tu as endormi ma mère.*

Au temps passé,
On n'achetoit que les belles ;
Mais tout a changé,
Toureloure, loure, loure ;
Il ne reste point de bête au marché.

SCENE III.

DIVERTISSEMENT.

Tous les personnages se joignent, et font une danse. On reprend l'air qui est à la fin de la Baguette.

LE DRUIDE.

La verte jeunesse,
Qui tourne à tout vent, etc.

BÉLISE.

Pour moi l'hyménée
N'a point de douceurs ;
Je suis destinée
A l'amour des auteurs :
Pour eux je veux vivre ;
Car dans ce temps-ci,
Il n'est point de livre
Si froid qu'un mari.

ANGÉLIQUE.

Ma mère à mon âge,
A ce que l'on dit,
Fit son mariage
A fort petit bruit ;
Je puis, ce me semble,
Par bonnes raisons,
Suivre son exemple,
Non pas ses leçons.

FIN DE L'AUGMENTATION DE LA BAGUETTE.

LA
NAISSANCE D'AMADIS,

COMÉDIE EN UN ACTE,

Représentée pour la première fois le 10 février 1694.

AVERTISSEMENT

DE L'ÉDITEUR

SUR LA NAISSANCE D'AMADIS.

Cette pièce a été représentée pour la première fois le 10 février 1694.

Les auteurs des *Anecdotes dramatiques* la donnent comme une parodie d'*Amadis de Gaule*, opéra de Quinault, qui a paru en 1684, dix ans avant que Regnard ait donné *la Naissance d'Amadis*. Cette parodie auroit été un peu tardive, et nous ne voyons d'ailleurs nul rapport entre l'intrigue de l'opéra et celle de la comédie.

Dans l'opéra, Amadis, fils de Périon, roi des Gaules, aime Orianne, fille d'un roi de la Grande-Bretagne. Florestan, frère naturel d'Amadis, aime Corisandre, souveraine de Gravesande. Ces amours, traversés par des jalousies et des enchantements, font le sujet de la pièce.

Dans la comédie, Périon, chevalier errant, aime Élizène, fille du roi des Gaules, et en est aimé. Cette intrigue, conduite par Dariolette, suivante de la princesse, est découverte par le roi, qui surprend sa fille avec son amant : il veut les faire brûler, suivant la coutume du pays; mais dans l'instant que tout est préparé pour leur supplice, une Ombre sort du milieu du bûcher, et annonce *la Naissance d'Amadis*. Aussitôt le bûcher se change en une pyramide d'artifice, et le roi consent à l'union de Périon et d'Élizène.

Nous ne voyons point de traits de ressemblance entre ces deux pièces, et nous ne croyons point que l'une soit la parodie de l'autre.

Quoi qu'il en soit, on a reproché, avec raison, à Regnard, d'avoir écrit cette pièce avec trop de licence, et nous trouvons qu'il a un peu avili ses héros en les travestissant.

Cette pièce n'a point été reprise.

LA
NAISSANCE D'AMADIS.

PERSONNAGES.

CARINTHER, roi des Gaules. *Pierrot.*
ÉLIZÈNE, fille du roi. *Isabelle.*
PÉRION, chevalier errant. *Arlequin.*
GALAOR, écuyer de Périon. *Mezzetin.*
DARIOLETTE, suivante d'Élizène. *Colombine.*
UNE OMBRE. *Pasquariel.*
Gardes.

La scène est dans le palais de Carinther.

LA NAISSANCE D'AMADIS,

COMÉDIE.

SCÈNE I.

PÉRION, GALAOR.

GALAOR.

En vérité, seigneur, je vous trouve dans un bien triste et moult piteux état, depuis que vous êtes en ce diable de pays-ci. Pourquoi quitter votre royaume pour venir faire le juif-errant dans les Gaules, et ne vous occuper qu'à occire des géants et venger l'honneur des pucelles? Vous n'aurez jamais fait à ce métier-là.

PÉRION, soupirant.

Ouf!

GALAOR.

Ouf! cela me met le cœur en grande componction et détresse, de voir que mon bon maître, le roi Périon, s'en aille comme cela le grand galop dans l'autre monde. Par la digne épée que vous portez, révélez-moi l'ennui qui vous malmène.

PÉRION chante.

J'aime, hélas! c'est assez pour être malheureux.

GALAOR chante aussi.

Sans cesse l'on vous voit voler de fille en fille ;
À chaque gite, enfin, vous changez chaque jour.
Si vous vous plaignez de l'amour,
C'est fort bien fait s'il vous houspille.

PÉRION.

Ce n'est pas l'amour que j'ai ramassé dans les cabarets qui me secoue davantage.... Hélas!

GALAOR.

Et depuis quand donc les princes poussent-ils de si grands soupirs? Est-il quelque porte, tant verrouillée soit-elle, qui ne s'ouvre de prime-face à leur aspect? Et ne trouvent-ils pas toujours en leur chemin donzelle prête à leur accorder la courtoisie?

PÉRION.

Parbleu! tu en auras menti, petit truand d'amour; et il ne sera pas dit que je t'hébergerai dans mon cœur, sans que tu paies ton gîte.

GALAOR.

Mais quelle est donc la petite carogne qui vous a si bien ajusté?

PÉRION.

Tu connois la fille du roi chez qui nous demeurons depuis huit jours?

GALAOR.

Qui? Élizène?

SCÈNE I.

PÉRION.

Ah, malheureux ! quel nom est sorti de ta bouche !
Oui, voilà le fatal brandon
Qui met mon cœur tout en charbon ;
L'outrecuide géant, qui, me faisant injure,
Fait de ma liberté pleine déconfiture.

GALAOR.

Oh ! consolez-vous. Si c'est là le poulet de grain dont votre cœur est en appétit, je vous promets, avant qu'il soit peu, que vous en aurez cuisse ou aile.

PÉRION.

Ah, mon cher ! il faut que je t'embrasse par avance, pour le grand bien que tu me fais espérer. Mais, dis-moi, écuyer mon ami, ta promesse sera-t-elle sans fallace ? Crois-tu qu'Élizène m'accorde la passade amoureuse ?

GALAOR.

Si fera-t-elle, foi d'écuyer : je sais qu'elle vous trouve d'un fort bon aloi, et je connois moult très bien l'esprit des femelles, qui accordent plus volontiers leurs faveurs à un étranger qu'à un citadin.

(Il chante.)

Une fille bien apprise,
Qui veut toujours aller son train,
N'accorde rien à son voisin,
De peur qu'il ne le dise ;
Elle vend mieux sa marchandise
A quelque marchand forain.

PÉRION.

Va donc, cher ami, va opérer de manière que je puisse voir la princesse, et tâche à rechasser sur mes terres ce gibier amoureux.

SCÈNE II.

LE ROI, PÉRION.

LE ROI est poursuivi par un lion.

Au meurtre! au secours! à la justice! (*Périon combat le lion et le tue.*) Ah, preux chevalier! c'est toi qui m'as recous des pates de ce discourtois animal; c'est toi qui m'as sauvé la vie.

PÉRION.

Ce n'est pas une affaire pour moi d'aller à la chasse aux lions; j'en ai quelquefois une douzaine à mon croc, et on les sert par accolade sur ma table, comme des lapereaux.

LE ROI.

Je suis fâché que vous ne m'ayez pas donné le temps de le tuer; je ne me suis jamais senti tant de courage.

PÉRION.

Oui, pour fuir et pour crier. Croyez-moi, allez vous mettre au lit.

LE ROI.

Voilà qui est fait : je n'irai jamais à la chasse contre des animaux qui n'ont ni foi ni loi.

SCÈNE III.

PÉRION, seul.

Je me suis trouvé là bien à propos pour sauver la vie au père de ma maîtresse. Ah, cruelle fortune! pourquoi ne me donnes-tu pas l'occasion de faire pour la fille ce que je viens de faire pour le père? Oui, je voudrois qu'elle eût cent lions à ses trousses. Je voudrois la voir au milieu des fournaises les plus enflammées; qu'elle fût précipitée dans le fond des abîmes de la mer : le diable m'emporte si je l'irois requerir.

SCÈNE IV.

PÉRION, DARIOLETTE.

PÉRION.

Mais je vois sa suivante. Bonjour, accorte et gente Dariolette; quel bon vent a poussé la nef de tes appas à la rade de mes espérances?

DARIOLETTE.

La princesse Élizène, ma tant bonne maîtresse, m'envoie vers vous, son seigneur; elle est navrée à votre sujet, d'une blessure tant profonde qu'elle n'en guérira jamais, si vous n'y mettez la main.

PÉRION.

Qu'à cela ne tienne; je les y mettrai plutôt toutes deux.

DARIOLETTE.

La pauvrette se plaint jour et nuit ; elle soupire, elle larmoie, et oncques elle ne vit jouvenceau de tant bonne affaire que vous.

PÉRION.

Je t'assure que si elle me trouve jouvenceau de très bonne affaire, je la trouve aussi jouvencelle de fort bon déblai.

DARIOLETTE, découvrant une corbeille de fleurs.

Voilà des fleurs qu'elle vous envoie pour marque de sa bienveillance envers vous ; elle les a elle-même cueillies de sa main.

PÉRION.

Ah, Dariolette, ma mie ! ce ne sont pas là les fleurs de son jardin que je convoiterois davantage.

DARIOLETTE.

Je vous assure qu'elle n'a rien réservé ; elle vous a tout envoyé.

PÉRION.

Ah, Dariolette ! que je serois heureux si j'étois le jardinier d'une aussi jolie plante que ta maîtresse ! Je la cultiverois, je la labourerois, et devant qu'il fût un an, j'en aurois de la graine.

DARIOLETTE.

Ah, seigneur ! ma maîtresse n'est point une fille à monter en graine ; on ne la laissera pas si long-temps sans lui donner un mari. Mais.... là.... parlez-moi franchement, est-il bien vrai que vous l'aimiez si fort ?

SCENE IV.

PÉRION.

Oui, l'amour s'est mis en embuscade sur le grand chemin de mon cœur, pour l'assaillir et le détrousser. Il est féru si très profondément, que je ne puis m'excuser de la mort, si dans bref l'emplâtre de ses faveurs n'y donne allégement.

DARIOLETTE.

Il y a tout plein de ces agonisants-là qui tombent en pamoison à l'aspect des jolies demoiselles. On sait bien ce qu'il faudroit pour les faire revenir; mais la plupart sont des traîtres qui ne cherchent qu'à emprunter certaines choses qu'ils ne rendent jamais.

PÉRION.

Oh, diable! mes intentions sont dans l'équilibre de la pudeur. Si je pourchasse ta maîtresse, c'est en toute loyauté et droiture. Je ne voudrois que lui dire deux mots.

DARIOLETTE.

Parler à ma maîtresse! Ah, seigneur! cela est impossible.

PÉRION, *lui donnant une bourse.*

Tiens, tiens, cela rendra peut-être la chose plus facile.

DARIOLETTE.

Il faudroit donc que ce fût la nuit, afin de n'être vu de personne. Car il y a une loi dans ce pays furieusement sévère contre une fille qu'on rencontre avec un garçon; et le bûcher est toujours tout prêt pour les brûler tous deux sans autre forme de procès. Dame! dans les Gaules, on est terriblement roide sur l'honneur.

PÉRION.

On traite les filles plus humainement en mon pays, et si on brûloit toutes celles qui ont délinqué, le bois y manqueroit tous les hivers. Mais tu n'as rien à craindre; dès à présent j'épouse ta maîtresse.

DARIOLETTE.

Bon! on voit tant de ces épouseux-là qui amusent les filles avec des promesses banales de mariage! Ils n'ont pas plus tôt obtenu quelques gracieusetés, que tout le mariage s'en va à vau-l'eau. Pendant ce temps-là, une pauvre fille en a pour son compte.

PÉRION.

Comment! tu doutes encore de ma fidélité? Écoute.

(Il tire son épée.)

Je jure par ce fer, dont nul géant n'échappe,
    Par qui maint félon fut occis,
    De ne boire jus de la grappe,
    Ni de ne manger pain sur nappe,
Que d'Élizène enfin je ne sois le mari,
    Si j'obtiens l'obligeante étape,
Autrement dit, le don d'amoureuse merci.

DARIOLETTE.

Or, maintenant réjouissez-vous; je vais tâcher de mettre fin à tant glorieuse entreprise; et envers la minuit, je vous ferai ébattre en propos joyeux avec votre maîtresse.

SCÈNE V.

PÉRION, seul.

Je touche enfin l'heureux moment
Qui va finir mon amoureux tourment;
Élizène bientôt deviendra mon partage.
Mon cœur tressault, tous mes sens sont ravis,
Dans peu l'amour va m'ouvrir l'huis
Qui conduit dans le mariage.
A minuit j'en dirai deux mots
Avec ma belle jouvencelle,
Et je dois en même propos
Me solacier avec elle.
O nuit! prends ton noir balandran;
Viens, descends, que rien ne t'arrête;
Puisque c'est à minuit que se fera la fête,
Conduis vite l'aiguille au milieu du cadran.

SCÈNE VI.

ÉLIZÈNE, DARIOLETTE, portant une lanterne.

DARIOLETTE.

Allons, ma bonne maîtresse, la nuit est bien noire, et favorise notre marche clandestine.

ÉLIZÈNE.

Ma pauvre Dariolette, je tremble comme la feuille.

Mais dis-moi, un homme n'est-il pas bien fort, quand il est seul avec une personne dont il est aimé ?

DARIOLETTE.

Mais, c'est selon. Quelquefois c'est l'homme qui est le plus fort, quelquefois aussi c'est la femme. Je ne sais pas bien les règles du tête-à-tête, et je n'en ai encore reçu que deux ou trois leçons.

ÉLIZÈNE.

Mais est-il bien sûr que tu m'aies véritablement mariée avec le roi Périon ? Car, sans cela, je me garderois bien de me trouver cap-à-cap avec lui.

DARIOLETTE.

Hé ! ne craignez rien, je connois mille femmes qui n'ont jamais été le quart autant mariées que vous.

ÉLIZÈNE.

Je ne saurois que te dire, ce mariage-là me paroît un peu précipité.

DARIOLETTE.

Il ne s'en fait plus autrement; et dans ce temps-ci, il faut brusquer la noce, et ne pas donner le temps à un homme de se reconnoître, ni de faire trop d'informations de vie et mœurs de sa future.

ÉLIZÈNE.

Au moins, Dariolette, tu me promets que la comédie se passera en simples récits et menus propos ?

DARIOLETTE.

Hé ! fiez-vous à ma parole.

SCENE VI.

ÉLIZÈNE.

Ma pauvre Dariolette, n'y auroit-il pas moyen de remettre la partie à demain ?

DARIOLETTE.

Bon, bon ! demain, ne seroit-ce pas la même chose ? Les nouvelles mariées demandent toujours des lettres de répit, et elles seroient au désespoir qu'on les leur accordât. Allons.

SCÈNE VII.

Le théâtre change ; on voit Périon sur un lit d'ange, en robe de chambre, botté, et son épée sous son bras. Galaor est debout à côté du lit.

(L'orchestre joue le sommeil d'Amadis.)

PÉRION, GALAOR.

PÉRION chante.

Ah ! je sens l'amour qui me grille ;
Je n'en puis plus, morbleu !
Mon cœur pétille :
Au feu ! au feu ! au feu ! au feu !
Les seaux de la ville !

GALAOR chante.

Les plaisirs vous suivront désormais,
Vous allez voir vos désirs satisfaits ;
Un tendron novice
Tombe en vos filets.
N'allez pas faire ici le jocrisse ;

Tambour battant menez-moi votre Agnès :
  Il est temps que la jeune bergère
  De ses appas avec vous fasse un troc.
    Cela vous est hoc ;
  On s'épouse aujourd'hui sans notaire :
    L'usage approuvé
    Est sous seing privé ;
    L'Amour carillonne,
    Et j'entends qu'il sonne,
    Du haut du clocher,
    L'heure du berger.

SCÈNE VIII.

PÉRION, GALAOR, ÉLIZÈNE, DARIOLETTE.

PÉRION, à Élizène.

Ah ! vous voilà, infante de mon âme ! Vous arrivez comme de cire ; il y a long-temps que je vous attendois ; je commençois à me morfondre.

ÉLIZÈNE.

Valeureux chevalier, à votre aspect je deviens toute perplexe.

DARIOLETTE.

Ma maîtresse n'est encore qu'une petite novice.

PÉRION.

Oh ! laissez-moi faire, je lui montrerai tout ce qu'il faudra. (Il chante avec Galaor.)

PÉRION. ⎫   ⎧ moi ⎫
          ⎬ C'est à ⎨   ⎬ d'enseigner.
GALAOR. ⎭   ⎩ lui ⎭

SCENE VIII.

Aux filles ignorantes
Les manières fringantes;

C'est à { moi / lui } d'enseigner

Le grand art de céder.

GALAOR.

Hé bien, la belle, que dites-vous de notre musique?

ÉLIZÈNE.

Excusez, seigneur, si la pudeur m'empêche de parler.

PÉRION.

Les moments sont trop chers pour les perdre en paroles.
Allons vite jouer nos rôles.

GALAOR chante.

Suivez l'Hymen, ce dieu vous apprête
Un ambigu de plaisirs nouveaux:
Pendant que vous serez tête à tête,
Je vous promets de garder les manteaux.

PÉRION prend Élizène par le bras, et chante.

Allons, petite marmotte,
Il n'est pas temps de pleurer.
Vous faites ici la sotte,
Et vous vous laissez tirer.
Tant de rigueur m'épouvante:
J'ai peur que cette ignorante,
Avec toute sa façon,
Ne me montre ma leçon.
(à la suivante.)
Et toi, petite Mercure,

Pour adoucir ton chagrin,
Va, pendant ma procédure,
Faire un tour dans le jardin.
Quand la maîtresse est aux prises,
Les soubrettes bien apprises
Doivent voir en attendant
De quel côté vient le vent.

SCÈNE IX.

Les Personnages de la scène précédente; LE ROI, suivi de gens armés, et portant des lanternes et des falots.

LE ROI.

J'ai entendu du bruit dans mon palais; je crains qu'il ne soit arrivé quelque mal-engin à l'entour de ma fille. Mais que vois-je? ma fille avec Périon! Ah, traître! après t'avoir reçu chez moi comme un mien frère, tu viens honnir ma fille!

PÉRION.

Je suis ici dans une auberge;
Et les guerriers portant flamberge
Ont toujours droit, chemin faisant,
Quand ils trouvent tendron friand,
De se payer des arrérages.
Pendant qu'on repaît le bidet,
Les chevaliers ont pour usage
De se délasser du voyage
Avec fille de cabaret.

SCENE IX.

LE ROI.

Tu veux encore me vilipender par des propos injurieux, double coquin !

PÉRION.

Penard, prends-le d'un ton moins haut;
De ton courroux il ne me chaut :
Je ne viens point dans ta famille
Mettre trouble ni désarroi;
Je n'ai rien tollu de ta fille :
Elle est entière comme moi.

LE ROI.

Il faudra donc que ma fille soit brûlée ! mais ce qui me console, c'est que tu seras grillé avec elle. Allons, gardes qu'on le saisisse, et qu'on me l'amène pieds et mains liés. Je veux que justice en soit faite.

(Les gardes veulent prendre Périon ; il se défend, recule, et les gardes le poursuivent.)

SCÈNE X.

LE ROI, seul.

Oui, parbleu ! tu mourras, outrecuidé magot.
Tu grilleras aussi sur le même fagot....
Mais, que dis-je, grands dieux ! bourreau de ma famille,
Ainsi qu'une saucisse on rôtira ma fille !
Moi-même j'en serai l'odieux occiseur !
Je frémis : tous mes sens se sont glacés d'horreur.
On rôtira ma fille ! ah ! nature, nature !
Pour garantir l'honneur d'encombre et de méchef,

A quoi sert-il de donner la serrure
  Quand tant de gens en ont la clef?

SCÈNE XI.

Le théâtre change, et représente une place publique, au milieu de laquelle est un bûcher.

(Des gardes amènent Élizène, Périon, Dariolette et Galaor enchaînés avec des fleurs, et couverts de guirlandes.)

LE ROI, PÉRION, ÉLIZÈNE, DARIOLETTE, GALAOR, Gardes.

PÉRION chante.

C'est unir deux amants
Que de les rissoler ensemble.

LE ROI.

Te voilà donc, méchant suborneur, qui violes, comme un Sarrazin, les droits de l'hospitalité!

PÉRION.

Que voulez-vous que j'y fasse? Les filles ont toujours eu de l'ascendant sur moi; et, quand je le puis, je prends ma revanche.

LE ROI, à Élizène.

Et toi, fille déloyale, me faire cet affront à la fleur de mon âge! (à Dariolette.) Pour toi, chienne de pendarde, s'il n'y avoit point de bourreau, je t'étranglerois moi-même. C'est toi qui as mené ma fille à la boucherie.

SCENE XI.

DARIOLETTE.

Quant à moi, je l'ai fait à bonne intention : j'ai cru que quand on s'étoit donné la foi on pouvoit se parler nuit et jour, sans rien craindre.

LE ROI.

Va, va, tu seras brûlée. Allons, officiers, faites votre charge; qu'on fasse l'opération.

PÉRION.

Qu'appelez-vous l'opération ? Je ne suis pas malade. A cette heure, je vous avertis que je ne vaux rien rôti.

SCÈNE XII.

Les Gardes conduisent Périon au bûcher; à l'instant il en sort une Ombre.

Les Personnages précédents, UNE OMBRE.

L'OMBRE chante.

Ah! que fais-tu là, téméraire?
Ah! je défends qu'il soit rôti.
D'Élizène et de ce compère
Il doit naître bientôt un fils
Prématuré comme son père,
Et qu'on doit nommer Amadis.

PÉRION.

Comment! d'Élizène et de moi il doit naître un fils qu'on nommera Amadis, et vous voulez me faire brûler! Ah, vieux penard! je veux te faire mettre à ma place. Allons, qu'on le saisisse.

LE ROI.

Ah, seigneur! je vous demande pardon; puisque vous m'avez sauvé la vie tantôt contre un lion, je consens que vous épousiez ma fille.

PÉRION.

Allons, je vous pardonne; et puisque les destins l'ordonnent, j'épouse votre fille. (à Élizène.) Mais écoutez, la belle, voilà un oracle qui me lanterne les oreilles : il dit que j'aurai bientôt un fils; je vous avertis que je n'aime pas les enfants précoces.

ÉLIZÈNE.

J'aimerois mieux être morte que d'avoir failli et prévariqué.

DARIOLETTE.

Seigneur, il ne faut pas que l'oracle vous étonne; les filles dans les Gaules sont fort expéditives.

PÉRION.

C'est à peu près la même chose chez nous; et souvent les pères et mères sont plus tôt avertis de la multiplication de leur famille, que de la noce de leurs filles.

LE ROI.

Allons, qu'en faveur de ce mariage, ce triste appareil de funérailles se change en des marques de réjouissance.

(Le bûcher se change en une pyramide enflammée, et forme un feu de joie)

SCENE XII.

GALAOR.

Seigneur, puisque vous êtes en train de marier, voilà Dariolette : tandis que vous jouez gros jeu avec la princesse, ne pourrois-je pas carabiner avec la soubrette ?

DARIOLETTE.

Est-ce que tu perds l'esprit ? Crois-tu que je voulusse d'un carabin comme toi ?

GALAOR chante.

Ah, Dariolette!
Si blanchette, si douillette,
Je connois sur l'étiquette
Que tu ne t'en feras prier ;
Car lorsque le chevalier
De la dame a fait emplette,
C'est la raison que la soubrette
S'ébaudisse avec l'écuyer.

DIVERTISSEMENT.

UN BERGER chante sur un air de menuet.

Dans le bel âge
Où l'on s'engage,
L'hymen est doux ;
Fille fringante,
Que l'amour tente,
Sans en rien dire demande un époux.

Mais quand un père
Trop lent diffère,
L'amant sincère

Doit cependant
Prendre en avance
Quelque licence,
Sauf à déduire quand il sera temps.

UN GAULOIS chante.

Au bon vieux temps,
On s'aimoit d'amour sincère ;
Qui plus aimoit, savoit plaire :
Les amants étoient constants
Au bon vieux temps.
L'amour à présent dégénère ;
Ce n'est que feinte et mystère :
Ne verrons-nous de nos ans
S'aimer comme on souloit faire
Au bon vieux temps ?

(On joue une gavotte, et tout le monde danse.)

UN GAULOIS chante.

On ne peut bien garder les filles ;
Elles s'échappent quelque jour :
Les limaçons de leurs coquilles
Sortent bien pour faire l'amour.

GALAOR.

Quand veux-tu, petite brunette,
Remonter un pauvre écuyer ?
N'est-il pas temps que ma mazette
Tire enfin à ton ratelier ?

DARIOLETTE.

Quand on est et jeune et gentille,
Il est bien fâcheux de mourir ;
Mais de rester encore fille,
C'étoit mon plus grand déplaisir.

PÉRION, au parterre.

D'Amadis voilà la naissance,
Assez suspecte à mon avis ;
Sans trop médire, il est en France
Encore bien des Amadis.

FIN DE LA NAISSANCE D'AMADIS.

LA FOIRE

SAINT-GERMAIN,

COMÉDIE EN TROIS ACTES,

Représentée pour la première fois le 26 décembre 1695.

AVERTISSEMENT

DE L'ÉDITEUR

SUR LA FOIRE SAINT-GERMAIN.

Cette pièce, composée par Regnard en société avec Dufresny, a été représentée pour la première fois le 26 décembre 1695.

Lorsque les auteurs l'ont donnée au Théâtre italien, ils étoient déjà connus au Théâtre françois, et l'avoient enrichi de l'une des meilleures comédies qui aient paru depuis Molière, *le Joueur*.

L'intrigue de *la Foire Saint-Germain* est peu de chose; son principal mérite consiste dans les scènes épisodiques.

Le Docteur, tuteur et amoureux d'Angélique, la garde soigneusement, dans la crainte qu'elle ne lui soit enlevée par Octave son amant. La pupille trompe la vigilance de son tuteur, et elle profite de la circonstance de la foire Saint-Germain pour s'échapper de ses mains. Colombine, intrigante, qui est dans les intérêts d'Octave, facilite son évasion; et, de concert avec Arlequin, autre intrigant, elle imagine plusieurs fourberies qui tendent à dégoûter le Docteur de son mariage, en lui rendant suspecte la vertu d'Angélique. Ils y réussissent; mais le Docteur ne se décide pas en faveur d'Octave; il craint que celui-ci ne lui demande un compte trop exact des biens de sa pupille : il fait venir de Pont-l'Évêque un nigaud de provincial, dont il espère tirer un meilleur parti. Arlequin et d'autres fourbes de ses amis jouent tant de tours au provincial, qu'ils l'obligent de quitter Paris, sans avoir pris le temps de voir sa maîtresse, et parviennent enfin à forcer le Docteur de donner Angélique à Octave.

Indépendamment des scènes comiques auxquelles les fourberies d'Arlequin donnent lieu, il en est beaucoup qui ne tiennent en aucune façon à l'action de la pièce, et ne servent qu'à former des tableaux variés de toutes les aventures qui arrivent communément aux foires. Le dialogue de ces scènes est d'un comique très agréable, quoique un peu chargé; il en est peu qui ne soient assaisonnées de très bonnes plaisanteries.

Cette pièce en renferme deux autres : l'une est

une parodie de l'opéra d'*Acis et Galatée;* l'autre est une tragédie burlesque, intitulée *Lucrèce.* La parodie est très peu de chose : quant à la tragédie, c'est une des meilleures que nous ayons dans le mauvais genre des tragédies burlesques ou amphigouriques.

Le succès de *la Foire Saint-Germain* a été prodigieux, au point d'exciter la jalousie des comédiens françois. Dancourt, pour le contrebalancer, donna à ce théâtre une comédie sous le même titre; mais elle eut un sort bien différent : elle tomba, et les Italiens, pour se venger, ajoutèrent aux dernières représentations deux couplets que l'on trouvera à la suite du vaudeville qui termine la pièce.

On a aussi ajouté une scène intitulée *la Scène des Carrosses;* mais il est incertain qu'elle appartienne aux auteurs de la comédie; cette scène n'a dû sa naissance et son succès qu'aux circonstances, et son principal mérite nous paroît avoir été celui de l'à-propos.

Cette pièce a été reprise plusieurs fois par la nouvelle troupe : la première fois, le 15 décembre 1720; la seconde, le samedi 5 février 1729.

Cette seconde reprise a été donnée à l'occasion des débuts de Mezzetin, acteur de l'ancien théâtre; il y parut sous l'ancien habit qu'il avoit adopté, et dans les rôles qu'il avoit joués dans la nouveauté de la pièce.

PERSONNAGES.

ARLEQUIN, intrigant.
COLOMBINE, intrigante.
LE DOCTEUR, tuteur et amoureux d'Angélique.
ANGÉLIQUE.
OCTAVE, amant d'Angélique.
PIERROT, valet d'Angélique.
NIGAUDINET, provincial amoureux d'Angélique. *Mezzetin.*
FANTASSIN, valet de Nigaudinet. *Pierrot.*
UN MARQUIS. *Léandre.*
UN CHEVALIER. *Octave.*
UNE COQUETTE. *Arlequin.*
CASCARET, laquais de la Coquette.
UN MARCHAND D'ÉTOFFES. *Scaramouche.*
UN GARÇON PATISSIER. *Mezzetin.*
UN ASTHMATIQUE. *Scaramouche.*
LA FEMME DE L'ASTHMATIQUE. *Angélique.*
UN DORMEUR. *Scaramouche.*
LA TRICHARDIÈRE, filou. *Scaramouche.*
UN LIMONADIER, en Arménien. *Léandre.*
UN OFFICIER SUISSE. *Scaramouche.*
UN PETIT MAÎTRE. *Mezzetin.*
UN MUSICIEN ITALIEN. *Mezzetin.*
CARICACA, apothicaire. *Mezzetin.*
UN PORTEUR DE CHAISE.
UNE JEUNE FILLE. *Colombine.*
LA CHANTEUSE.
UNE LINGÈRE.

SUITE DES PERSONNAGES.

Plusieurs Marchands et Marchandes de la Foire.
Un Valet de théâtre. *Pierrot.*
Une petite Fille en cage.
Un Filou et plusieurs autres Personnages muets.

La scène est à Paris, dans l'enclos de la Foire Saint-Germain.

LA FOIRE SAINT-GERMAIN,

COMÉDIE.

ACTE PREMIER.

Le théâtre représente la Foire Saint-Germain.

SCÈNE I.

ARLEQUIN, UNE LINGÈRE, un Garçon patissier, plusieurs Marchands et Marchandes dans leurs boutiques.

LES MARCHANDS crient.

Des robes de chambre de Marseille! Venez voir ici de très belles chemises de toile de Hollande; des robes de chambre à la mode; des bonnets à la siamoise; du fromage de Milan, messieurs! Venez voir chez nous; toutes sortes de vins d'Italie, de la Verdée, du Grec, de la Malvoisie!

LE GARÇON PATISSIER, *tenant sur sa tête un clayon plein de ratons.*

Des ratons tout chauds, messieurs; des ratons à deux liards! Que ces marchands font de bruit! Je m'en vais me divertir en les contrefaisant tous dans une chanson.

(*Il chante, et change de voix à chaque différent cri.*)

Oranges de la Chine, oranges;
Des rubans, des fontanges;
Faïence à bon marché;
Thé, chocolat, café :
Vous faut-il rien du nôtre?
L'on va commencer, venez tôt;
Des peignes, des couteaux;
Des étuis, des ciseaux :
Ne prenez rien à d'autres;
J'ai tout ce qu'il vous faut.

ARLEQUIN, *après avoir écouté avec attention ces différents cris.*

O désir insatiable de l'homme! J'entends crier à la Foire tout ce qu'il y a de beau et de bon dans Paris; je voudrois bien acheter tout ce que j'entends crier, et je n'ai qu'une petite pièce pour ma foire.

LE GARÇON PATISSIER, *au fond du théâtre.*

Des ratons tout chauds, à deux liards, à deux liards!

ARLEQUIN.

Commençons par le plus nécessaire. Le plus nécessaire à la vie, c'est le manger. Holà! hé! les ratons!

ACTE I, SCENE I.

LA LINGÈRE, dans sa boutique.

Chemises de Hollande !

LE GARÇON PATISSIER, au fond du théâtre.

A deux liards, à deux liards !

ARLEQUIN.

Des chemises de Hollande à deux liards ! Je n'ai point de chemises ; voilà mon affaire. Holà, hé ! chemises de Hollande ! (La marchande lui met une chemise.)

UN MARCHAND, dans sa boutique.

Des indiennes à la mode, de très belles robes de chambre !

LE GARÇON PATISSIER, toujours derrière.

A deux liards, à deux liards !

ARLEQUIN.

Des robes de chambre à deux liards ! Il faut qu'il les ait volées. L'homme aux robes de chambre !

(Le marchand lui met une robe de chambre.)

UNE MARCHANDE.

Des couvertures de Marseille, voyez ici !

LE GARÇON PATISSIER.

A deux liards !

ARLEQUIN.

Encore ! Il faut que l'on ait taxé toutes les nippes de la Foire à deux liards, à cause de la disette d'argent. Parlez donc, hé ! couvertures de Marseille !

(On lui donne une couverture de Marseille, qu'il met sous son bras.)

UN MARCHAND.

Des olives de Vérone, du fromage de Milan, messieurs !

LE GARÇON PATISSIER.

A deux liards, à deux liards!

ARLEQUIN.

Le fromage de Milan à deux liards! *O che fortuna!* L'homme au fromage!

(Il prend une forme de fromage.)

LE GARÇON PATISSIER, passant devant Arlequin.

Ratons tout chauds, tout fumants, tout sortants du four, à deux liards, à deux liards!

ARLEQUIN.

Hé! l'homme aux ratons! Voyons ta marchandise!

LE GARÇON PATISSIER.

Tenez, monsieur, les voilà tout chauds.

ARLEQUIN.

Donnes-tu le treizième?

LE GARÇON PATISSIER.

Oui, monsieur.

ARLEQUIN, prenant un raton.

Hé bien, je le prends; demain j'en acheterai une douzaine.

LE GARÇON PATISSIER, reprenant son raton.

Doucement, s'il vous plaît; il faut payer avant que de manger.

ARLEQUIN, tirant une petite pièce de sa poche.

Attends. Voyons si j'ai de quoi payer tout cela. Deux liards de chemise, deux liards de robe de chambre, deux liards de couverture de Marseille, deux liards de fromage; voilà qui fait deux sols: il me faudra avec cela pour deux liards de filles: cela fera six blancs. Malepeste! que l'argent va vite! N'importe, j'avois besoin de cette petite réparation. (au garçon pâtissier.) Tiens, mon ami, voilà une petite pièce que je te donne, et voilà trois ratons que je prends : du surplus, paye ces marchands. Serviteur.

(Il s'en va ; les Marchands courent après lui.)

SCÈNE II.

ANGÉLIQUE, COLOMBINE.

COLOMBINE.

Hé bonjour, mademoiselle ; quel bon vent vous amène à la Foire ? et que je suis heureuse de vous rencontrer !

ANGÉLIQUE.

Ah, Colombine! te voilà? Que fais-tu dans ce pays-ci?

COLOMBINE.

Ma foi, madame, il faut qu'une fille, pour vivre honnêtement, sache plus d'un métier. Je fais prêter de l'argent à des enfants de famille qui n'en ont point ; je le fais dépenser à ceux qui en ont ; je raccommode des ménages disloqués ; j'en brouille d'autres, et quantité de petits négoces de cette nature-là. Et vous, mademoiselle, que faites-vous présentement?

ANGÉLIQUE.

Toujours la même chose, Colombine; j'aime.

COLOMBINE.

Tant pis ! l'amour est un métier bien ingrat pour les honnêtes filles qui se font scrupule d'en tirer toute la quintessence.

ANGÉLIQUE.

Tu vois, Colombine, une fille bien embarrassée, et qui a déjà pensé se perdre à la Foire.

COLOMBINE.

Cela est fort honnête, de se perdre toute seule dans un lieu public.

ANGÉLIQUE.

Une fille vertueuse se retrouve toujours.

COLOMBINE.

La fille se retrouve; mais quelquefois la vertu ne se retrouve plus avec elle.

ANGÉLIQUE.

Tu connois ma sagesse, Colombine.

COLOMBINE.

Je la connoissois autrefois; mais les choses changent, et on ne voit guère de cette marchandise-là à la Foire, quoiqu'on ne laisse pas que d'y en vendre.

ANGÉLIQUE.

Je cherche un asile contre les mauvais traitements de mon tuteur. Tu connois ses caprices.

COLOMBINE.

Nous avons assez demeuré ensemble pour nous connoître réciproquement.

ANGÉLIQUE.

Tu ne sais pas qu'il est devenu amoureux de moi ?

COLOMBINE.

C'est donc depuis que je n'y suis plus ? Le petit inconstant !

ANGÉLIQUE.

Il veut m'épouser.

COLOMBINE.

Un tuteur épouser sa pupille ! C'est une manière abrégée de rendre ses comptes. Mais à ces comptes-là, quand le tuteur est vieux, la pupille trouve de grandes erreurs de calcul.

ANGÉLIQUE.

Il y a encore un nigaud de Normand de Pont-l'Évêque, qui se nomme Nigaudinet, qui est venu à Paris exprès pour se marier, et qui a du goût pour moi.

COLOMBINE.

Vous voilà bien lotie, entre un Docteur et un Bas-Normand.

ANGÉLIQUE.

Je ne veux ni de l'un ni de l'autre ; et je suis sortie de la maison de mon tuteur, dans le dessein de n'y point rentrer que je n'aie épousé Octave.

COLOMBINE.

Pour l'amant de Pont-l'Évêque, nous lui jouerons quelques tours pour vous en débarrasser. A l'égard du Docteur, quelque appétit qu'il ait pour vous, je sais bien un moyen sûr pour l'en dégoûter. Le vieux penard ne vous épouse que parce qu'il croit qu'il n'y a que vous de fille sage au monde. Laissez-moi faire ; avant qu'il soit une heure, je veux que vous passiez dans son esprit pour la fille de la Foire la plus équivoque.

ANGÉLIQUE.

Il est si prévenu en ma faveur, et il me croit si sage, qu'il sera difficile de lui faire croire le contraire.

COLOMBINE.

Bon, bon ! je fais bien pis ; je fais tous les jours passer pour sages des filles qui ne l'ont jamais été.

SCÈNE III.

ANGÉLIQUE, COLOMBINE, OCTAVE, UN PORTEUR ivre.

OCTAVE, au Porteur.

VA, mon ami, laisse-moi en repos; tu n'es pas en état de me porter.

LE PORTEUR.

Mais, monsieur, un porteur.... il faut qu'il porte; nous savons la règle.

OCTAVE, à Angélique.

Ah, madame! il y a une heure que je vous cherche; mais puisque j'ai le plaisir de vous voir, je suis trop bien payé de mes peines.

LE PORTEUR, croyant qu'Octave lui parle.

Payé de mes peines! Hé! palsambleu! je n'ai encore rien reçu.

ANGÉLIQUE.

Vous voyez, Octave, ce que je fais pour vous.

Voilà Colombine qui nous secondera pour rompre les mariages dont nous sommes menacés.

OCTAVE.

Ah, ma chère Colombine! que je te serai obligé! Dispose de ma bourse, ne l'épargne point; combien te faut-il?

COLOMBINE.

Ah, monsieur!...

LE PORTEUR.

Je vous assure, monsieur, que vous ne sauriez moins donner qu'un écu pour le principal, et quatre francs pour boire.

OCTAVE, à Angélique.

Vous me promettez donc, charmante Angélique, d'être toujours dans les mêmes sentiments, et de ne jamais changer.

LE PORTEUR.

Changer? changer? Oh, monsieur! si vous voulez changer, je trouverai de la monnoie. Mais ces officiers n'ont jamais de monnoie; j'en sais bien la raison.

COLOMBINE.

Ah, mademoiselle! voilà votre tuteur : entrons dans ma loge, et nous verrons ensemble ce qu'il faudra faire.

(Ils s'en vont; le Porteur reste.)

SCÈNE IV.

Le Porteur, LE DOCTEUR; PIERROT,
avec une échelle et des affiches.

PIERROT.

Je vous dis, monsieur, que vous me laissiez gouverner cela; je vous retrouverai Angélique.

LE PORTEUR, au Docteur, croyant parler à Octave.

Allons, monsieur, dépêchons; je n'ai pas le temps d'attendre; j'ai chaud, et je pourrois m'enrhumer.

LE DOCTEUR.

Que veux-tu donc, mon ami?

LE PORTEUR le regarde.

Ah! j'étois bien nigaud! Je croyois parler à un officier, et ce n'est qu'un bourgeois. Je vais prendre mon ton pour les bourgeois. (haut.) Allons, de l'argent.

LE DOCTEUR.

De l'argent? Pourquoi donc de l'argent?

LE PORTEUR.

Parbleu! la question est drôle! pour vous avoir porté en chaise.

PIERROT.

Monsieur le Docteur ne monte jamais en chaise.

LE PORTEUR.

Oh! morgué, point tant de raisons; avec ma houssine je vous redresserai.

ACTE I, SCENE IV.

PIERROT.

Comment, coquin! lever la main sur monsieur le Docteur!

LE PORTEUR.

Ah, morgué! il n'y a Docteur qui tienne; il me faut de l'argent.

(Il veut les battre; le Docteur et Pierrot le chassent.)

SCÈNE V.

LE DOCTEUR, PIERROT.

PIERROT.

Pour venir donc à la conclusion, je vous dis encore une fois, monsieur, que je vous ferai retrouver Angélique, fût-elle dans les Indes, dans le Ponotapa.

LE DOCTEUR.

Quelle cruauté de perdre une pauvre enfant qui m'aime si tendrement!

PIERROT.

Quel âge avoit-elle ce matin, quand vous l'avez perdue?

LE DOCTEUR.

Vingt-deux ans.

PIERROT.

C'est votre faute.

LE DOCTEUR.

Comment?

PIERROT.

C'est votre faute, vous dis-je. Il faut tenir les filles présentement par la lisière jusqu'à trente ans; encore a-t-on bien de la peine à les empêcher de faire quelques faux pas.

LE DOCTEUR.

Ah, Pierrot! perdre une fille avec laquelle j'allois me marier! cela est bien dur.

PIERROT.

Je vous dis que vous ne vous mettiez pas en peine; je vous la ferai retrouver, peut-être au double.

LE DOCTEUR.

Que veux-tu donc dire, au double?

PIERROT.

Oui, monsieur, et peut-être au triple. J'avois autrefois une doguine que je perdis; six semaines après, je la retrouvai avec trois petits doguins dans le ventre.

LE DOCTEUR.

Les trois doguins sont de trop; je me contente bien de retrouver Angélique comme je l'ai perdue.

PIERROT.

C'est pour vous dire comme j'ai la main heureuse pour les retrouvailles. Tenez, monsieur, voilà quatre mille affiches toutes prêtes.

LE DOCTEUR.

Mets-en de tous les côtés, au moins.

PIERROT.

Laissez-moi faire; je l'afficherai où il faut : aux cafés, aux cabarets, dans les chambres garnies, enfin dans tous les lieux où l'on trouve les filles perdues. Voulez-vous que je vous lise l'affiche? C'est un petit ouvrage d'esprit que j'ai fait entre la poire et le fromage. (Il lit.)

« Fille perdue, trente pistoles à gagner. »

Il a été perdu entre chien et loup, entre Boulogne et Vincennes, une fille entre deux âges, qui étoit entre deux tailles, les cheveux entre bruns et blonds, l'œil entre doux et hagard. Quiconque la trouvera la mette entre deux portes, et avertisse monsieur le Docteur, qui demeure entre un maréchal et un médecin. Fait à Paris, entre deux tréteaux, par Pierrot, entre deux vins.

LE DOCTEUR.

Voilà bien de l'entre deux.

PIERROT.

Monsieur, tandis que je serai en train d'afficher, ne voulez-vous point que j'affiche aussi votre esprit? Je ferai d'une pierre deux coups.

LE DOCTEUR.

Que veux-tu dire, afficher mon esprit?

PIERROT.

Vraiment oui, monsieur; il faut que vous l'ayez perdu, à votre âge, de vouloir épouser une jeune fille qui s'échappe comme une anguille.

LE DOCTEUR.

Tiens, voilà ce que j'ai perdu et ce que tu as retrouvé. (Il lui donne un soufflet.)

PIERROT.

Je ne veux point du bien d'autrui ; puisque je l'ai trouvé, je vous le rends.

(Il veut lui donner un soufflet, le manque, et s'en va.)

SCÈNE VI.

LE DOCTEUR, COLOMBINE.

COLOMBINE.

Ah, monsieur le docteur ! vous voilà ? J'ai bien du plaisir de vous revoir en ce pays.

LE DOCTEUR.

Tu vois un homme au désespoir ; j'étois sur le point de me marier avec Angélique....

COLOMBINE.

C'est un point fatal ; je sais mille fripons d'amants qui n'attendent que ce moment-là pour se faire payer de leurs services passés.

LE DOCTEUR.

Que me dis-tu là, Colombine ? Je voudrois avoir des marques de son infidélité, pour me guérir de l'amour que j'ai pour l'ingrate.

COLOMBINE.

Allez m'attendre au premier détour, et dans un moment je suis à vous.

LE DOCTEUR, s'en allant.

Ah, la traîtresse! la traîtresse!

SCÈNE VII.

COLOMBINE, seule.

Le bon homme avale assez bien la pilule. Je veux conduire Angélique dans tous les lieux de la Foire les plus suspects : j'ai concerté ce stratagème avec les parties intéressées.

SCÈNE VIII.

COLOMBINE, ARLEQUIN.

COLOMBINE.

Mais qui est cet homme-là?

ARLEQUIN, sans voir Colombine.

A deux liards, à deux liards! Voyez le peu de bonne foi qu'il y a dans le commerce! On vouloit ravoir les nippes qu'on m'avoit vendues deux liards.... Quelque sot!... (Il aperçoit Colombine.) N'est-ce point là de la marchandise à deux liards? (Il passe devant elle, et l'examine.) Voilà apparemment quelque aventurière foraine. (haut.) Mademoiselle, ne seriez-vous point par hasard de ces chauves-souris apprivoisées, qui gracieusent le bourgeois et lui proposent la collation?

####### COLOMBINE.

En vérité, monsieur, vous me faites plus d'honneur que je n'en mérite. Et vous, ne seriez-vous point par aventure de ces chevaliers déshérités par la fortune, qui retrouvent leur patrimoine dans la bourse des passants?

####### ARLEQUIN.

Ah! pour cela, mademoiselle, vous mettez ma pudeur hors des gonds. Je suis un gentilhomme qui ai depuis peu quitté le service pour prendre de l'emploi à la Foire.

####### COLOMBINE.

Sans trop de curiosité, peut-on vous demander si vous avez été long-temps dans le service?

####### ARLEQUIN.

Dix ans.

####### COLOMBINE.

En Flandre, ou en Allemagne?

####### ARLEQUIN.

A Paris. J'y ai été trois ans cuirassier du Guet, après avoir servi volontaire dans le régiment de l'Arc-en-ciel.

####### COLOMBINE.

Je n'ai jamais ouï parler de ce régiment-là.

####### ARLEQUIN.

C'est pourtant un des gros régiments du royaume; les soldats y sont tantôt fantassins et tantôt carrossiers, et sont habillés de vert, de rouge et de jaune, suivant la fantaisie des capitaines.

COLOMBINE.

Je commence présentement à avoir quelque teinture de votre régiment.

ARLEQUIN.

Comment diable! c'est la milice la plus nécessaire à l'état, et c'est le régiment où l'on fait le plus vite son chemin; c'est de là qu'on tire des officiers pour remplir les postes les plus lucratifs. Je connois vingt commis en chef qui n'ont jamais fait leurs exercices que dans ce corps-là.

COLOMBINE.

Je suis ravie, monsieur, de trouver en vous un gentilhomme qui ait étudié dans une académie si florissante. Apparemment que vous savez faire l'exercice du flambeau?

ARLEQUIN.

J'ai eu l'honneur d'éclairer, chemin faisant, une femme de robe, une femme garde-note, et la concierge d'un abbé.

COLOMBINE.

La concierge d'un abbé? Voilà une plaisante condition. Et quel étoit l'emploi de cette concierge-là?

ARLEQUIN.

Elle avoit soin des meubles de monsieur; elle lui faisoit de la gelée, bassinoit son lit, et le frisoit tous les soirs.

COLOMBINE.

Il n'y a pas grand ouvrage à friser des cheveux courts comme ceux-là.

ARLEQUIN.

Plus que vous ne pensez : j'aimerois mieux coiffer dix femmes en boucles, que de mettre une tête d'abbé en marrons.

COLOMBINE.

Vous avez raison; il y a plus à faire auprès de ces messieurs-là qu'auprès des femmes.

ARLEQUIN.

Je me suis pourtant assez bien trouvé des femmes, et dans le fond, ce sont de bonnes personnes : on en dit rage; mais pour moi je ne les trouve pas si dévergondées que les hommes.

COLOMBINE.

Assurément on peut dire, pour les excuser, qu'elles sont plus exposées au péril. Pour peu qu'une femme ait d'enjouement, un soupirant lui donne vivement la chasse : elle évite un temps l'écueil dangereux des présents; elle résiste à la tempête : mais à la fin il vient une bourrasque de pleurs et de soupirs; un amant fait force de voiles; il double le cap de Bonne-Espérance : une femme veut se sauver; elle donne contre un rocher; voilà la barque renversée; et dans cette extrémité-là, l'honneur a bien de la peine à se sauver à la nage.

ARLEQUIN.

L'honneur d'à présent est pourtant bien mince et bien léger; il devroit aller sur l'eau comme du liége.

ACTE I, SCENE VIII.

COLOMBINE.

Cette femme de robe, par exemple, que vous avez éclairée, son honneur savoit-il nager?

ARLEQUIN.

Il faisoit quelquefois le plongeon; mais d'ailleurs c'étoit une brave femme; elle faisoit l'extrait de tous les procès dont monsieur étoit le rapporteur : elle n'avoit jamais étudié, et si, elle savoit plus de latin que son mari.

COLOMBINE.

Et cette femme garde-note, n'a-t-elle jamais fait de faussetés dans son ministère?

ARLEQUIN.

Ah ! il ne faut jamais dire du mal des gens dont on a mangé le pain ; mais si l'on avoit gardé minute dans l'étude de tout ce qui se faisoit dans la chambre, il auroit fallu plus de vingt clercs pour en délivrer des expéditions ; et pour dire la vérité, je crois qu'il se passoit moins d'actes par-devant monsieur que par-devant madame.

COLOMBINE.

C'est-à-dire qu'il y avoit toujours quelqu'un dans le logis qui signoit en second.

ARLEQUIN.

Justement.

COLOMBINE.

Pour moi, dans toutes les conditions que j'ai faites, tout ce que je voyois m'échauffoit si fort la bile, que je me suis faite limonadière, pour me rafraîchir la conscience.

ARLEQUIN.

C'est-à-dire que vous avez présentement la conscience à la glace. Pour moi, pour le repos de la mienne, j'attrape ici l'argent du badaud; c'est moi qui suis le maître de la Bouche de Vérité; des trois théâtres, du cadran du Zodiaque, du sérail de l'Empereur du cap Vert, et autres sottises lucratives de cette nature-là.

COLOMBINE.

Quoi! c'est toi qui....

ARLEQUIN.

Oui, moi-même.

COLOMBINE.

Voilà cinquante pistoles qui te sautent au collet si tu veux être de concert avec nous pour tromper un vieux Docteur, lui faire voir sa maîtresse dans toutes les boutiques, et renvoyer un provincial à Pont-l'Évêque.

ARLEQUIN.

Vous vous moquez de moi : je ne suis point intéressé; l'argent ne m'a jamais dominé; mais je n'ai jamais rien refusé pour cinquante pistoles.

COLOMBINE.

Je vais envoyer le Docteur à ta Bouche de Vérité, et je te dirai après ce qu'il faudra faire.

ACTE I, SCENE VIII.

ARLEQUIN.

Va vite, et moi, de mon côté, je vais faire ouvrir
mon magasin. Holà, hé ! qu'on ouvre !

SCÈNE IX.

*La ferme s'ouvre ; on voit trois bustes, posés sur trois tables
différentes, au milieu du théâtre.*

ARLEQUIN, seul.

Voici le rendez-vous de tous les curieux ;
C'est ici qu'on voit tout, pourvu qu'on ait des yeux ;
Ici l'on entend tout, quand on a des oreilles,
Et de l'argent, s'entend. O têtes sans pareilles !
Vous, effort de mon art, miracle de ma main,
Vous ne cesserez pas d'être mon gagne-pain,
    Tant que la ville
  En badauds sera fertile.
Vous êtes, il est vrai, de bois et de carton,
Vides de sens commun, sans esprit, sans raison :
Cependant vous allez prononcer des oracles ;
Mais on voit tous les jours de semblables miracles.
  Que de cervelles à ressorts
  Voyons-nous, dans les plus grands corps,
  Former de graves assemblées,
  Décider de nos destinées !
  En un mot, combien voyons-nous
  De ces têtes tant consultées,

Qui n'ont pas plus d'esprit que vous!

(Une des têtes, représentée par la Chanteuse, chante.)

>Venez à nous,
>Accourez tous;
>Rien n'est si doux
>Que d'apprendre sa destinée;
>Mais dans l'hyménée,
>L'ignorance est d'un grand secours.
>Époux, ignorez toujours.

SCÈNE X.

ARLEQUIN, LE DOCTEUR.

LE DOCTEUR.

Une nommée Colombine m'a dit, monsieur, que j'aurois ici des nouvelles d'une fille égarée que j'ai fait afficher.

ARLEQUIN, à part.

Voilà le docteur dont on m'a parlé; il faut le turlupiner. (haut.) De quoi vous embarrassez-vous de chercher une fille? Et qu'en ferez-vous, quand vous l'aurez retrouvée?

LE DOCTEUR.

Ce que j'en ferai? je l'épouserai.

ARLEQUIN rit et le regarde sous le nez.

Vous, l'épouser? Et de quelle profession êtes-vous, monsieur l'épouseur?

LE DOCTEUR.

Je suis docteur, monsieur, à votre service.

ARLEQUIN.

Benè. Voilà une qualité d'une bonne ressource pour une femme. Et quel âge ?

LE DOCTEUR.

Je cours ma soixante-dixième.

ARLEQUIN.

Optimè. C'est une année bien glissante, et vous courez risque de vous y casser le cou. Et la fille est âgée ?

LE DOCTEUR.

De vingt ans, ou environ.

ARLEQUIN.

Ah ! que cela est bien fait ! Quand on n'a plus de dents, on ne sauroit prendre la viande trop tendre.

LE DOCTEUR.

Je voudrois bien savoir, monsieur, par le moyen de votre Bouche de Vérité, quel sera mon sort dans le mariage.

ARLEQUIN.

C'est-à-dire que vous voudriez bien savoir si votre future ne vous enregistrera point dans le grand catalogue où Vulcain est à la tête ?

LE DOCTEUR.

Vous l'avez dit, et j'aurois une petite démangeaison d'apprendre ma destinée sur ce chapitre-là.

ARLEQUIN.

C'est agir prudemment ; il vaut mieux s'en éclaircir avant le mariage, que de vouloir en être instruit quand on est marié. Il faut aller à la Bouche de Vérité, et vous essayer le bonnet.

LE DOCTEUR.

Comment ! qu'est-ce que cela veut dire ?

ARLEQUIN prend le bonnet.

Voilà un bonnet qui ne s'est jamais trompé en sa vie ; et s'il change de figure sur votre tête, c'est que vous serez coiffé à la moderne.

LE DOCTEUR.

Oh ! mettez, mettez ; je ne crains rien.

(Arlequin lui met le bonnet, qui aussitôt se change en croissant.)

LA BOUCHE DE VÉRITÉ chante.

Console-toi d'avoir sur ton turban
Les armes qu'on révère en l'empire ottoman ;
   On les porte par tout le monde,
     Et j'en voi
   Qui, malgré leur perruque blonde,
   Ne sont pas mieux coiffés que toi.

(Le Docteur regarde dans un petit miroir qui est sur la table de la Bouche de Vérité, jette de dépit le bonnet, et s'en va.)

SCÈNE XI.

ARLEQUIN, UNE JEUNE FILLE.

LA JEUNE FILLE.

Il y a long-temps, monsieur, que la curiosité m'auroit amenée ici, si la crainte ne m'avoit retenue.

ARLEQUIN.

La curiosité meneroit les filles bien loin, si la

ACTE I, SCENE XI.

crainte ne les retenoit ; mais c'est une bride qui n'est pas toujours la plus forte.

LA JEUNE FILLE.

Je ne crois pas qu'il y ait une fille plus craintive que moi ; je n'oserois demeurer seule ; et la nuit, j'ai si peur des esprits, qu'il faut que j'aille coucher avec ma mère pour me rassurer.

ARLEQUIN.

Si vous aviez fait une fois connoissance avec de certains esprits palpables, vous auriez moins peur d'eux que de votre mère. Puisque vous êtes si timide, il faut donc que je devine le sujet qui vous conduit ici. Voulez-vous savoir si votre beauté durera long-temps ?

LA JEUNE FILLE.

Mais, monsieur, je crois qu'elle durera autant que ma jeunesse.

ARLEQUIN.

Les femmes d'aujourd'hui poussent la jeunesse bien loin ; et j'en vois tous les jours qui, selon leur calcul, sont encore plus jeunes que leurs filles.

LA JEUNE FILLE.

Il est vrai ; et j'ai une vieille tante qui veut à toute force passer pour ma sœur, et qui dernièrement cassa de dépit son miroir, en disant que la glace en étoit ridée, et qu'on n'en faisoit plus d'aussi belles qu'au temps passé.

ARLEQUIN.

Laissez-moi faire ; je suis après à établir une manufacture de glaces exprès pour les vieilles.

LA JEUNE FILLE..

Je trouve cela si ridicule, que je renoncerai à la jeunesse dès que j'aurai vingt ans.

ARLEQUIN.

Oui, vous compterez de bonne foi jusqu'à dix-huit; mais vous serez terriblement long-temps sur la dix-neuvième. Ce n'est donc pas le soin de votre jeunesse ni de votre beauté qui vous amène ici?

LA JEUNE FILLE.

Non, monsieur.

ARLEQUIN.

Cela m'étonne; car c'est d'ordinaire le seul soin qui occupe les femmes. Vous voulez peut-être savoir si vous aurez des amants?

LA JEUNE FILLE.

Des amants? Qu'est-ce que des amants?

ARLEQUIN.

Un amant, c'est une espèce d'animal soumis, qui s'insinue auprès des filles en chien couchant, les mord en mâtin, et s'enfuit en levrier.

LA JEUNE FILLE.

Si c'est cela que vous appelez des amants, j'en ai bien de cette espèce-là. J'ai entre autres un grand cousin qui me suit toujours, qui me baise les mains quand il peut les attraper, et qui me dit qu'il se tuera si je ne l'aime.

ARLEQUIN.

Voilà le chien couchant, cela : prenez garde qu'il ne devienne mâtin; car je suis bien trompé si ce cousin-là n'a envie de faire avec vous une alliance plus étroite.

LA JEUNE FILLE.

Je connois encore un jeune monsieur qui va à l'armée : il me fait toujours quelque petit présent.

ARLEQUIN.

Voilà le levrier ; prenez garde à vous.

LA JEUNE FILLE.

C'est lui qui m'a apporté de Flandre les cornettes et les engageantes que vous voyez.

ARLEQUIN.

Des cornettes et des engageantes ! Quand une fille est prise par la tête et par les bras, elle a bien de la peine à se défendre ; je vous en avertis.

LA JEUNE FILLE.

Je voudrois savoir de vous si.... Mais.... n'y a-t-il là personne ?

ARLEQUIN.

Non, non ; parlez hardiment.

LA JEUNE FILLE.

Je voudrois savoir si.... Mais.... je n'ose vous le dire.

ARLEQUIN.

Ah ! que de si et de mais !

LA JEUNE FILLE.

Je voudrois donc savoir si je serai mariée cette année.

ARLEQUIN.

Je ne puis pas vous dire cela bien positivement ;

mais je sais qu'il ne tiendra qu'à vous de vous faire passer un vernis de mariage.

LA JEUNE FILLE.

Oh! fi, monsieur; le vernis me fait mal à la tête.

ARLEQUIN.

Pour vous dire cela bien sûrement, il faudroit savoir auparavant si vous êtes fille.

LA JEUNE FILLE.

Si je suis fille?

ARLEQUIN.

Mais fille-fille. Il y en a bien qui usurpent ce nom-là : de tous les titres, c'est le plus aisé à falsifier; et telle porte un losange en écusson, qui pourroit entourer ses armes de bien des cordons de veuve. *A la prova.* Mettez votre main dans la Bouche de Vérité; si vous êtes aussi fille que vous le dites, elle répondra à votre demande; mais si vous n'êtes que demi-fille, elle vous mordra si fort, qu'elle ne vous lâchera peut-être pas de dix ans.

LA JEUNE FILLE.

Qu'est-ce que c'est, s'il vous plaît, qu'une demi-fille?

ARLEQUIN.

Mais, une demi-fille, c'est une fille qui.... dans l'occasion.... Avez-vous jamais vu des castors?

LA JEUNE FILLE.

Oui, monsieur.

ARLEQUIN.

Hé bien, il y a des castors et des demi-castors.

ACTE I, SCENE XI.

Une demi-fille, c'est comme qui diroit un demi-castor ; il y entre un certain.... mélange, qui fait.... que.... Tout le monde vous dira cela. Mettez, mettez seulement votre main dans la Bouche de Vérité.

LA JEUNE FILLE.

Oh, monsieur ! je ne crains rien ; y eût-il vingt bouches, j'y mettrois mon bras jusqu'au coude.

ARLEQUIN.

Allons, voyons. Qu'est-ce ? Vous résistez ? C'est-à-dire qu'il y a du demi-castor.

LA JEUNE FILLE.

Ce n'est pas que j'aie peur ; mais si votre bouche étoit une gourmande, qui m'allât mordre sans sujet.

ARLEQUIN.

Ne craignez rien ; c'est une bouche fort sobre, et qui ne mord que bien à propos.

(La jeune fille approche sa main ; la bouche remue comme si elle vouloit mordre.)

LA BOUCHE DE VÉRITÉ chante:

Prends garde à mes dents,
Crains ma colère ;
J'ai mordu ta mère
A quinze ans ;
Car en ce temps
Une fille n'est guère
Plus fille que sa mère.

LA JEUNE FILLE.

Je suis la très humble servante de la Bouche de Vérité ; mais j'ai trop peur de ces vilaines dents-là.

SCÈNE XII.

ARLEQUIN, seul.

C'est fort bien fait, prends garde à ses dents.
　　Si mainte fille que je vois
　　Étoit mise à pareille épreuve,
　　Il n'en seroit point de si neuve
　　Qui n'y pensât plus d'une fois.

SCÈNE XIII.

ARLEQUIN, UN ASTHMATIQUE, enveloppé d'un manteau fourré.

L'ASTHMATIQUE.

Ouf ! je me meurs ! Ouf ! je suis mort ! Ouf ! je veux parler !

ARLEQUIN.

Vous êtes mort, et vous voulez parler ? Vous ne viendrez jamais à bout de cette affaire-là.

L'ASTHMATIQUE.

Je voudrois consulter la Bouche de Vérité.... J'ai un a.... as.... âme, un âme qui m'étouffe.

(Il se plaint comme un homme qui souffre beaucoup.)

ARLEQUIN.

Votre âme vous étouffe ? Consolez-vous, dans peu vous en serez délivré.

ACTE I, SCENE XIII.

L'ASTHMATIQUE.

Et non, monsieur ; c'est un asthme.

ARLEQUIN.

Ah ! je vous entends ; vous êtes poussif.

L'ASTHMATIQUE.

Je voudrois savoir si ma femme, qui n'a que dix-huit ans et qui se porte bien, mourra avant moi.

ARLEQUIN.

Si elle veut mourir avant vous, il faudra qu'elle se dépêche.

L'ASTHMATIQUE.

Mais mon mal vient de mélancolie ; ma femme m'avoit promis de la joie.

ARLEQUIN.

Et quelle espèce de joie une femme peut-elle donner à un asthmatique?

L'ASTHMATIQUE.

Elle chante, elle danse, elle joue de la guitare ; mais, par malheur, elle en joue si bien, qu'on ne peut l'entendre sans danser, et je ne saurois danser sans étouffer.

SCÈNE XIV.

La femme de l'Asthmatique entre avec une guitare, chante un air gai, et danse.

ARLEQUIN, L'ASTHMATIQUE, LA FEMME DE L'ASTHMATIQUE.

L'ASTHMATIQUE.

Ah, monsieur! la voilà qui me poursuit.

ARLEQUIN.

Je crois que c'est la femme d'Orphée; elle met tout en mouvement. Dites-moi, je vous prie, madame, avez-vous le diable au corps de vouloir faire danser un pauvre asthmatique?

LA FEMME.

J'ai mes raisons pour cela, monsieur. Mon mari m'a donné, par contrat de mariage, mille pistoles après sa mort; depuis que nous sommes mariés, il m'a promis mille autres pistoles, si je le guérissois de sa mélancolie asthmatique : j'ai affaire d'argent ; il faut aujourd'hui qu'il danse ou qu'il crève. Allons, danse. (Elle fredonne.) La, la, la.

ARLEQUIN.

Elle a raison. Pourquoi lui promettiez-vous mille pistoles? Il faut que vous la dansiez.

LA FEMME *chante, en s'accompagnant de sa guitare.*

Qu'un mari soit poulmonique,
Léthargique, hydropique, asthmatique ;

ACTE I, SCENE XIV.

Qu'il soit ce qu'il vous plaira,
Tire, lire, lira, liron, fa, fa, fa.
Tire, lire, lira, lira, liron, fa.

Malgré sa résistance,
Si sa femme veut qu'il danse,
Il a beau faire, il dansera,
Tire, lire, lira, etc.

(Pendant que l'on chante cet air, les Termes qui forment la décoration du fond du théâtre, s'animent, dansent et s'en vont en chantant tire, lire, lira, etc.)

FIN DU PREMIER ACTE.

ACTE SECOND.

SCÈNE I.

LE DOCTEUR, COLOMBINE.

COLOMBINE.

Il me semble, monsieur, que vous devriez présentement être un peu moins ardent pour la noce.

LE DOCTEUR.

A te dire la vérité, ce que j'ai vu ne m'échauffe guère.

COLOMBINE.

Tout franc, vous n'êtes pas heureux dans vos consultations : et ce diable de bonnet a pris une vilaine figure sur votre tête.

LE DOCTEUR.

J'ai été aussi étonné que si les cornes me fussent venues.

COLOMBINE.

Ça été presque la même chose.

LE DOCTEUR.

Quoi ! le front d'un docteur seroit sujet à ces accidents-là ?

ACTE II, SCENE I.

COLOMBINE.

J'en vois tous les jours d'aussi savants que vous qui ne l'évitent pas.

LE DOCTEUR.

C'est un bétail bien trompeur que les filles!

COLOMBINE.

J'en tombe d'accord; mais aussi elles n'ont pas tout le tort. Voulez-vous qu'une fille aille s'enterrer toute vive avec un vieillard, qui est le bureau d'adresse de toutes les fluxions et des rhumatismes qui se distribuent par la ville?

LE DOCTEUR.

Je n'en suis pas encore là.

COLOMBINE.

Non, mais vous y serez bientôt; et c'est un bonheur qu'Angélique soit une égrillarde, pour vous empêcher de donner la dernière cérémonie à votre amour.

LE DOCTEUR.

Colombine, au moins.... bouche cousue; ne va pas la décrier. Il y a un Bas-Normand qui me l'a demandée en mariage : si l'envie d'Angélique me passe, j'en ferai un ami.

COLOMBINE.

Songeons à vous faire voir Angélique dans son naturel, et vous en ferez après ce que vous voudrez.

LE DOCTEUR.

Allons, je te suis.

COLOMBINE, à part.

Voilà un vrai ours à mener par le nez.

SCÈNE II.

UN MARQUIS, UN CHEVALIER, UNE COQUETTE RIDICULE, UN MARCHAND D'ÉTOFFES, CASCARET, Laquais.

LE MARQUIS.

Non, Chevalier, vous ne paierez pas; c'est à moi à mettre la main à la bourse.

LE CHEVALIER.

Je vous dis, Marquis, que je paierai absolument; car je le veux....

LA COQUETTE.

Non, messieurs, s'il vous plaît; vous ne paierez ni l'un ni l'autre, et je ne veux point que vous vous ruiniez en ma compagnie.

LE MARQUIS.

L'occasion de la Foire autorise ce petit présent.

LA COQUETTE.

Non, vous dis-je, je ne veux point de votre étoffe. Cascaret, portez cela à mon tailleur, et dites-lui qu'il m'en fasse une innocente, et qu'il la garnisse jusqu'aux pieds de rubans couleur de feu rouge.

(Le Laquais emporte l'étoffe.)

SCÈNE III.

LE MARQUIS, LE CHEVALIER, LA COQUETTE, LE MARCHAND.

LA COQUETTE.

Je ne prends jamais rien des hommes.

LE CHEVALIER.

Mais, madame, ce n'est qu'une bagatelle.

LE MARQUIS.

Vous ne sauriez, madame, refuser cette discrétion-là de ma part; et je vous ai d'ailleurs tant d'obligations....

LA COQUETTE.

Oh, oh! monsieur, vous vous moquez.

LE CHEVALIER.

Il faudroit que je fusse le dernier des coquins si, dans les occasions, je ne cherchois à donner à madame des marques de ma reconnoissance.

LA COQUETTE.

Monsieur le Chevalier est généreux.

LE MARQUIS.

Si nous nous mettons sur les obligations, je crois que personne n'en doit avoir à madame de plus essentielles que moi; c'est elle qui me nourrit; et depuis que je suis revenu de l'armée, je n'ai point d'autre auberge que sa maison.

LA COQUETTE.

L'auberge est mauvaise, monsieur le Marquis; mais l'hôtesse est bien votre petite servante.

LE CHEVALIER.

Je n'oublierai jamais le contrat de rente que madame vient de vendre pour remonter ma compagnie, et la fournir de buffles et de cocardes.

LA COQUETTE.

Ah! fi donc, Chevalier!

LE MARQUIS.

Les présents pour moi ne sont pas ce qui me touche le plus. Madame m'a fait l'honneur de passer huit jours chez moi à ma maison de campagne, où assurément je n'ai pas eu lieu de me plaindre de ma mauvaise fortune.

LA COQUETTE.

Monsieur le Marquis est toujours obligeant.

LE CHEVALIER.

Les faveurs de campagne sont des coups de hasard; mais un tête-à-tête....

LA COQUETTE.

Taisez-vous donc, petit indiscret; je ne hais rien tant que les babillards.

LE MARQUIS.

Tu diras, Chevalier, tout ce qu'il te plaira; mais je paierai assurément.

LE CHEVALIER.

Tu le prendras, Marquis, comme tu voudras; mais absolument je donnerai de l'argent.

LE MARCHAND.

Entre vous le débat ; il n'importe qui paye, pourvu que je sois payé.

LE MARQUIS.

C'est fort bien dit.

LE CHEVALIER.

Tu as raison, mon ami.

LE MARQUIS, fouillant dans ses poches.

Et une marque certaine que je veux payer.... Chevalier, prête-moi dix louis.

LE CHEVALIER, fouillant dans ses poches.

Dix louis? Je te les prêterois volontiers, si je les avois ; mais je veux être déshonoré, si j'ai un sou.

LE MARQUIS.

Ni moi, ou le diable m'emporte.

LA COQUETTE.

Je le savois bien, moi, que vous ne paieriez ni l'un ni l'autre.

LE MARCHAND.

Ce n'étoit pas la peine de tant disputer à qui paieroit.

LA COQUETTE.

Il faut dire la vérité ; les gens de cour font les choses d'une manière bien plus noble que les autres.

LE CHEVALIER, au Marchand.

Mon ami, que cela ne t'embarrasse point ; je vais chez moi chercher de l'argent, et dans un moment je suis ici. (Il sort.)

SCÈNE IV.

LE MARQUIS, LA COQUETTE, LE MARCHAND.

LE MARQUIS, au Chevalier.

Non, parbleu! Chevalier, tu ne paieras pas, ou j'aurai une affaire avec toi. Le banquier de notre régiment demeure à deux pas d'ici, et j'y cours.
(Il sort précipitamment.)

SCÈNE V.

LA COQUETTE, LE MARCHAND.

LA COQUETTE, faisant une grande révérence.

Monsieur, je suis votre très humble servante; je vous donne le bonjour. (Elle veut s'en aller.)

LE MARCHAND, la retenant.

Doucement, s'il vous plaît, madame; vous avez mon étoffe, et vous ne sortirez pas que vous ne m'ayez payé.

LA COQUETTE.

Quel incivil! mais je crois que ce brutal-là veut me faire violence.

LE MARCHAND.

Non, madame; mais je veux que vous me donniez de l'argent.

LA COQUETTE.

De l'argent? Quelle grossièreté! Demander de

ACTE II, SCENE V.

l'argent à une femme de qualité ! Fi ! je n'ai pas un sou, ou la peste m'étouffe !

LE MARCHAND.

Laissez-moi donc des gages.

LA COQUETTE.

Des gages ! des gages ! Une femme comme moi laisser des gages ! Tenez, mon ami, voilà mon collier.

(Elle lui donne son collier.)

LE MARCHAND.

Votre collier, madame ? Je n'en veux point ; il n'est que de verre.

LA COQUETTE.

Il n'est que de verre ! Il est.... il est comme les femmes de qualité les portent. Voyez un peu l'impertinent !

LE MARCHAND.

Point tant de raisonnements, madame ; il faut me contenter.

(Il prend l'écharpe, le manteau, la jupe et le manchon de la Coquette, qui demeure en corset et en jupon de Marseille.)

SCÈNE VI.

LA COQUETTE, seule.

En vérité, la galanterie d'aujourd'hui est bien gueuse. Hé ! laquais, prenez ma queue.

SCÈNE VII.

NIGAUDINET, COLOMBINE, FANTASSIN,
valet de Nigaudinet.

(Un filou vient doucement auprès de Nigaudinet, lui ôte son épée, et s'en va.)

COLOMBINE.

C'est donc vous, monsieur, qui êtes monsieur Nigaudinet de Pont-l'Évêque?

NIGAUDINET.

Oui, ma mie.

COLOMBINE.

Et qui cherchez mademoiselle Angélique à la Foire?

NIGAUDINET.

Assurément.

COLOMBINE.

Si vous voulez venir dans ma loge, je vous la ferai voir.

NIGAUDINET.

Dans votre loge? (à part.) Voilà quelque libertine qui me veut mettre à mal. (haut.) Je vous remercie, mademoiselle; je n'aime point à être seul avec les filles.

COLOMBINE.

Venez, monsieur Nigaudinet; quoique vous soyez beau, jeune et bien fait, je vous assure que je ne suis point du tout tentée de votre personne.

NIGAUDINET.

Ah! que je ne suis pas si niais! il faut un rien pour débaucher un garçon.

COLOMBINE.

Au diantre soit le bênet! Puisque vous ne voulez pas venir, je vais dire à mademoiselle Angélique que vous êtes ici. Votre servante, monsieur de Pont-l'Évêque.

SCÈNE VIII.

NIGAUDINET, FANTASSIN.

NIGAUDINET.

On m'avoit bien dit de prendre garde à moi, quand je viendrois à Paris. Comme les femmes de ce pays-ci aiment les gens de notre province! Mais elles n'ont qu'à venir, comme diable je les galvauderai! Fantassin?

FANTASSIN.

Mon maître?

NIGAUDINET.

Petit garçon, ne laissez approcher ni fille ni femme auprès de moi.

FANTASSIN.

S'il en vient quelqu'une, je lui dirai que vous êtes retenu, et que mademoiselle Angélique n'attend plus qu'après vous.

NIGAUDINET, se fouillant.

Je crois, Dieu me pardonne, qu'ils m'ont pris

mon épée. N'as-tu vu personne rôder à l'entour de moi?

FANTASSIN.

Oui-dà, monsieur; j'ai vu un grand homme habillé de rouge, qui a pris le couteau avec la gaîne : j'attendois qu'il la remît; il n'est point revenu la remettre.

NIGAUDINET.

Comment, petit fripon! d'où vient ne m'as-tu pas averti?

FANTASSIN.

Il me faisoit signe de n'en rien dire, et tiroit cela si drôlement, que j'étois ravi de le voir faire.

NIGAUDINET.

Je vous rabattrai cela sur vos appointements.

FANTASSIN.

Je croyois que cela étoit de la Foire, et je l'ai déjà vu faire à trois ou quatre personnes qui n'en ont rien dit.

NIGAUDINET.

Le petit sot!

FANTASSIN.

Dame! monsieur, je ne suis pas obligé de savoir cela, et tout le monde ne peut pas avoir autant d'esprit que vous.

NIGAUDINET.

Oh bien, va chercher cet homme dans la Foire, et dis-lui qu'il me rapporte mon épée, car j'en ai affaire.

SCÈNE IX.

NIGAUDINET, ARLEQUIN.

ARLEQUIN, à part.

Voila notre nouveau débarqué; il faut que je l'accoste. (haut.) Serviteur, monsieur.

NIGAUDINET.

Voilà un homme qui a mauvaise façon. (Il regarde derrière lui.) Fantassin! (Il recule et tremble.)

ARLEQUIN.

Voilà, ma foi, le premier homme à qui j'aie fait peur.

NIGAUDINET.

N'est-ce point vous, monsieur, qui avez pris mon épée?

ARLEQUIN.

Comment donc, monsieur! pour qui me prenez-vous? Par la vertubleu! j'ai envie de vous couper les oreilles.

NIGAUDINET.

Couper les oreilles! prenez garde à ce que vous ferez. Je me fais homme d'épée, une fois; et je viens à Paris pour acheter une charge dans l'armée. Ne savez-vous pas quelque régiment de hasard à vendre?

ARLEQUIN, à part.

Voilà un homme bien tourné pour acheter un

régiment. (haut.) Qu'entendez-vous, s'il vous plaît, par un régiment de hasard ?

NIGAUDINET.

Mais c'est un vieux régiment qui auroit déjà servi, et que je pourrois avoir à meilleur marché qu'un autre.

ARLEQUIN.

Il faudra voir à la friperie. Et quel nom portera votre régiment ?

NIGAUDINET.

Oh! le mien.

ARLEQUIN.

Et comment vous appelez-vous ?

NIGAUDINET.

Christophe Nigaudinet, à votre service.

ARLEQUIN.

Diable! voilà un nom bien martial. Si tous les nigauds de Paris prennent parti dans votre régiment, il sera bien complet.

NIGAUDINET.

Oh! je l'espère.

ARLEQUIN.

Quand vous voudrez faire vos recrues, vous n'aurez qu'à faire battre la caisse aux Tuileries pendant l'été.

NIGAUDINET.

Pourquoi donc battre la caisse aux Tuileries ?

ARLEQUIN.

C'est que, pendant la canicule, c'est là le rendez-vous de la plus fine valeur. Vous voyez, d'un côté, sur le déclin du jour, un petit maître d'été se promener fièrement sur le champ de bataille de la grande allée, affronter le serein, et se couvrir d'une noble poussière ; de l'autre, vous apercevez un grand oisif insultant aux marronniers, passant en revue toutes les coquettes de la ville, et brûlant d'ardeur d'en venir aux mains avec quelque nymphe accostable qu'il aura détournée dans les bosquets.

NIGAUDINET.

Voilà des soldats comme je les veux. Mais, avant d'enrôler ce régiment-là, je serois bien aise d'enrôler une fille en mariage.

ARLEQUIN.

Prenez garde qu'elle ne vous enrôle aussi à votre tour.

NIGAUDINET.

Oh, oh ! je ne crains rien ; elle est sage : c'est une belle fille, oui. On la nomme Angélique. On m'a dit qu'elle étoit à la Foire, et je voudrois bien la voir.

ARLEQUIN, à part.

Je ne crois pas que ce bonheur-là t'arrive. (haut.) Quoi, monsieur ! celle que vous cherchez ici, et que vous devez épouser, s'appelle Angélique, nièce du Docteur ?

NIGAUDINET.

Oui, monsieur. Est-ce que vous la connoissez ?

ARLEQUIN.

Oh, monsieur ! permettez que je vous embrasse.

C'est la meilleure de mes amies; elle m'a parlé de vous plus de cent fois; elle vous attend avec impatience : elle est ici à quatre pas; je vais lui dire que vous la cherchez. Serviteur, monsieur Christophe Nigaudinet, de Pont-l'Évêque.

(Arlequin, en sortant, fait signe à un filou qui paroît au fond du théâtre ; ils se parlent à l'oreille, et ils sortent.)

SCÈNE X.

NIGAUDINET, seul.

D'abord je croyois que cet homme-là étoit un voleur; mais je commence à m'apercevoir que c'est un honnête homme.

SCÈNE XI.

NIGAUDINET, UN FILOU.

NIGAUDINET.
Mais que cherche celui-ci?

LE FILOU, enveloppé d'un manteau rouge, compte de l'argent.

Cinq et quatre font neuf, et vingt sont vingt-neuf; deux tabatières qui en valent encore dix, sont trente-neuf; une montre de vingt-cinq; le tout fait à peu près soixante et quatre ou cinq pistoles : cela n'est pas mauvais à prendre.

NIGAUDINET, qui a écouté tout cela.

Qu'est-ce, monsieur? Pourroit-on savoir quel compte vous faites là?

LE FILOU.

Hé! ce n'est rien; ce sont soixante-dix pistoles que j'ai gagnées au jeu chez Lafrenaye le curieux.

NIGAUDINET.

Diable! soixante-dix pistoles! c'est un fort bon gain.

LE FILOU.

Bon! si je voulois, j'en gagnerois dix mille; mais j'ai de la conscience; je me passe à peu.

NIGAUDINET.

Comment donc, monsieur, vous avez de la conscience! Est-ce qu'il y va de la conscience à jouer?

LE FILOU.

Et oui, monsieur, quand on est sûr de gagner.

NIGAUDINET.

Vous êtes donc sûr de toujours gagner? Et comment cela?

LE FILOU, mystérieusement.

C'est que je vous dirai en confidence que je suis un filou. Je joue aux dés; j'ai toujours des dés pipés sur moi, et je fais rafle de six quand je veux.

NIGAUDINET.

Voilà un merveilleux talent! que vous êtes heureux! Vous faites rafle quand vous voulez!

SCÈNE XII.

NIGAUDINET, LE FILOU, ARLEQUIN.

ARLEQUIN, en filou, un manteau rouge sur le nez.

(à part.) Je m'en vais renvoyer monsieur de Pont-l'Évêque d'une étrange manière. (haut, à l'autre filou.) Ah! mons de la Trichardière, soyez le bien trouvé. Il y a long-temps que je vous cherche : vous m'avez filouté mon argent au jeu; voilà cent pistoles que j'ai été prendre chez moi : allons, ma revanche, ou il faut nous couper la gorge ensemble.

LE FILOU.

Parbleu, mons de la Filoutière, vous le prenez sur un ton bien haut! Par la mort!...

(Il met la main sur son épée.)

NIGAUDINET, se mettant entre eux.

Hé, messieurs! point de bruit. (à Arlequin.) Comment, monsieur, il vous a donc gagné beaucoup d'argent aux dés?

ARLEQUIN.

C'est un filou, monsieur; il ne m'a pas gagné, il m'a filouté : je prétends qu'il me rende mon argent, ou qu'il rejoue encore avec moi.

NIGAUDINET.

Et combien avez-vous à perdre?

ARLEQUIN.

J'ai encore cent pistoles, que voilà.

(Il montre une bourse.)

NIGAUDINET.

Attendez, je m'en vais lui parler, et tâcher de vous faire donner satisfaction. (au Filou.) Allons, monsieur, il a encore cent pistoles ; il faut les lui gagner.

LE FILOU.

Je ne le ferai pas, monsieur; j'ai de la conscience.

NIGAUDINET.

Hé, morbleu! jouez pour moi : je n'ai point de conscience, moi : je suis Normand.

LE FILOU.

Le voulez-vous?

NIGAUDINET.

Je vous en conjure, et surtout les dés pipés et toujours rafle.

LE FILOU.

Laissez-moi faire. (à Arlequin.) Oh çà, mons de la Filoutière, puisque vous avez tant envie de jouer, faites donc apporter une table.

ARLEQUIN.

Allons vite, qu'on apporte une table, un cornet et des dés.

NIGAUDINET.

Allons, vite, vite. (à Arlequin.) Sans moi, monsieur, il n'auroit jamais joué.

ARLEQUIN.

Je vous suis obligé, monsieur, car j'étois résolu de lui faire tirer l'épée; et vous m'épargnez une affaire.

(On apporte une table, un cornet et des dés. Le Filou s'assied à l'un des bouts de la table, Arlequin à l'autre. Nigaudinet se tient debout au milieu.)

ARLEQUIN prend le cornet, et remue les dés.

Allons, monsieur, massez.

LE FILOU prend la bourse de Nigaudinet, et en tire vingt louis.

Masse à vingt louis d'or.

ARLEQUIN.

Tope. (Il jette les dés.) J'ai gagné.

LE FILOU en prend autant.

Masse à la poste.

ARLEQUIN.

Tope. J'ai gagné.

NIGAUDINET, à demi chagrin, bas au Filou.

Mais, monsieur, vous n'y songez pas.

LE FILOU.

Laissez-moi faire ; c'est pour la lui donner belle. (à Arlequin.) Masse au reste de la bourse.

ARLEQUIN.

Tope. J'ai gagné.

NIGAUDINET, d'un ton pleureur.

Monsieur, vos dés pipés ne pipent point. Où sont donc les rafles ?

LE FILOU.

Ne vous fâchez point ; je vais prendre le dé ; vous allez voir. N'avez-vous point d'autre argent?

NIGAUDINET, se fouillant.

J'ai encore trois louis d'or, que voilà.

ARLEQUIN se lève comme pour s'en aller.

Serviteur, messieurs : puisque vous n'avez plus d'argent....

ACTE II, SCENE XII.

NIGAUDINET, l'arrêtant.

Doucement, monsieur; voilà encore trois louis.

ARLEQUIN.

Belle gueuserie, vraiment! Mais, tenez, je suis beau joueur; masse aux trois louis.

LE FILOU, prenant les dés.

Tope. (Il jette les dés.) Rafle de six. J'ai gagné.

NIGAUDINET, riant et sautant.

Rafle de six! Nous avons gagné; ha, ha, ha! (au Filou.) Les dés pipés, n'est-ce pas?

LE FILOU.

Oui, vous allez voir beau jeu.

NIGAUDINET, à Arlequin.

Allons, monsieur, jouez gros jeu, s'il vous plaît, à cette heure qu'il y a des dés pipés.

ARLEQUIN.

Masse à six louis.

LE FILOU.

Tope. J'ai gagné.

NIGAUDINET, éclatant de rire.

Rafle de six, et toujours rafle de six. (Il embrasse le Filou.) Le brave homme!

ARLEQUIN.

Masse à douze louis.

LE FILOU.

Tope.

ARLEQUIN.

J'ai gagné. Serviteur, messieurs.

NIGAUDINET, l'arrêtant.

Attendez, monsieur, attendez. (au Filou, en pleurant.) Mais, monsieur, qu'est-ce que cela veut donc dire? Est-ce que vos dés pipés se moquent? Ils ne raflent que les petits morceaux.

LE FILOU.

Il faut bien qu'il gagne quelquefois, pour l'amorcer seulement. Il n'est pas encore dehors; voyez si vous avez quelque chose sur vous.

NIGAUDINET.

Voilà une montre de douze louis, et un diamant de cinquante. (à Arlequin.) Allons, monsieur, à mon diamant et à ma montre; cela vaut bien soixante louis d'or.

ARLEQUIN.

Je ne joue jamais de nippes; mais, à cause que c'est vous, je le veux bien. Masse à soixante louis d'or.

LE FILOU.

Tope.

ARLEQUIN.

J'ai gagné. (Il prend la montre et la bague, et veut s'en aller.)

NIGAUDINET, l'arrêtant.

Mais, monsieur, écoutez : j'ai....

ARLEQUIN.

Je n'écoute rien. Le jeu est libre : je ne veux plus jouer. Serviteur.

SCÈNE XIII.

NIGAUDINET, LE FILOU.

NIGAUDINET, pleurant de toute sa force.

Vous m'avez ruiné, monsieur, avec vos dés pipés. Je n'ai plus ni argent, ni montre, ni bague. Comment voulez-vous donc que je fasse?

(Pendant cette tirade, le Filou s'esquive.)

SCÈNE XIV.

NIGAUDINET, seul.

Au voleur, au voleur! (Il aperçoit le manteau que le Filou a laissé sur sa chaise, et le prend.) Ils m'ont volé mon argent, ma montre et ma bague; mais je ne leur rendrai pas leur manteau. Le diable emporte la Foire, les filous et la ville! Je m'en vais dans mon pays : de ma vie je ne reviendrai à Paris.

SCÈNE XV.

(Arlequin revient en riant, et regarde de loin Nigaudinet.)

ARLEQUIN, seul.

Laissez-le passer, laissez-le passer. C'est monsieur Christophe Nigaudinet de Pont-l'Évêque, qui s'en retourne. Ha, ha, ha! quel animal! quel animal!

Pour un homme d'esprit, pour un adroit filou,
Disons la vérité, Paris est un Pérou.
Mais de tous les métiers qu'on exerce à la ville,
Un intrigant d'amour est bien le plus utile.
Voici mon argument : il est certains métiers,
Perruquiers, fourbisseurs, armuriers, chapeliers,
Qui seulement à l'homme offrent leur ministère :
Les autres seulement à la femme ont affaire.
Mais dans ce beau métier, dans cet emploi si doux,
Vous tirez des deux mains, vous êtes propre à tous.
S'il est vrai, comme on dit, que la moitié du monde
Pourchasse l'autre part en la machine ronde,
Si tous ceux que l'on voit exercer cet emploi
Étoient, par un arrêt, habillés comme moi,
On verroit dès demain, dans ce pays fertile,
Grand nombre d'arlequins embarrasser la ville.

SCÈNE XVI.

ARLEQUIN, un Valet de Théatre.

LE VALET.

Monsieur, l'heure se passe ; les trois théâtres sont pleins. Voulez-vous qu'on commence ?

ARLEQUIN.

Si la salle est pleine, commencez. Je vais me préparer pour jouer mon rôle.

SCÈNE XVII.

On ouvre la ferme; le fond du théâtre représente un bois agréable. Le Docteur et plusieurs autres spectateurs se placent sur le devant.

Le Valet de théatre, LE DOCTEUR,
et autres Spectateurs.

LE DOCTEUR.

Qu'allons-nous voir, monsieur ?

LE VALET.

Vous allez voir d'abord la parodie d'Acis et Galatée ; ensuite Lucrèce, tragédie. Mais faites silence, on va commencer.

Le théâtre change ; on voit la mer avec des rochers.

PARODIE
D'ACIS ET GALATÉE.

PERSONNAGES DE LA PARODIE.

POLYPHÈME. *Arlequin.*
GALATÉE. *Mezzetin.*
ACIS. *Scaramouche.*

SCÈNE I.

GALATÉE, seule.

Qu'une fille, à Paris, a peine à se défendre
  De la poursuite des galants !
La plus fière en ces lieux, en proie à mille amants,
Perd sa coiffe et ses gants dès l'âge le plus tendre.
Mais quoiqu'ils soient perdus, veut-elle les revendre,
  Elle y trouve encor des marchands.
Qu'une fille, à Paris, a peine à se défendre
  De la poursuite des galants !

SCÈNE II.

Polyphême arrive, suivi de Chaudronniers, qui tiennent des poêles, des enclumes et des marteaux.

POLYPHÊME, GALATÉE.

POLYPHÊME.
Quand veux-tu donc, ma tigresse,
Réciproquer mon amour?
(Les Chaudronniers l'accompagnent en frappant sur leurs enclumes.)
Je sens où le bât me blesse;
Mon âme est percée à jour.
(Les Chaudronniers, etc.)
Défais-toi de ta sagesse;
Car c'est un harnois bien lourd.
(Les Chaudronniers, etc.)
Je suis discret, ma princesse,
Comme le bruit d'un tambour.
(Les Chaudronniers, etc.)

SCÈNE III.

POLYPHÊME, GALATÉE, ACIS.

ACIS.
Princesse, me voilà; mais je ne puis rien dire.
GALATÉE.
Allez, éloignez-vous; faut-il vous le redire?
(Elle se plonge dans la mer.)

SCÈNE IV.

POLYPHÊME, ACIS.

ACIS.
Vous me fuyez, par où l'ai-je donc mérité?
POLYPHÊME.
Traître! reçois le prix de ta témérité.

(Il lui jette un rocher en forme de tonneau, qui le couvre entièrement, à la réserve de la tête qui sort par la bonde.)

ACIS.
Déesse, c'en est fait; je vous perds, et j'expire.
POLYPHÊME.
Il est mort, l'insolent; cette tonne le cache:
Je suis content de l'avoir fait crever.
Le drôle ici croyoit me l'enlever
Jusque dessous la moustache.

Le théâtre change, et représente un palais magnifique.

LUCRÈCE,

TRAGÉDIE.

PERSONNAGES DE LA TRAGÉDIE.

TARQUIN. *Arlequin.*
LUCRÈCE. *Colombine.*
L'ÉCUYER DE TARQUIN. *Mezzetin.*

SCÈNE I.

LUCRÈCE, seule, à sa toilette.

Quel bruit injurieux ose attaquer ma gloire !
Quel horrible attentat ! ô ciel ! le puis-je croire ?
Quoi ! Tarquin, méprisant les dieux et leurs autels,
Nourriroit dans son sein des désirs criminels !
Dieux ! pourquoi m'accorder les traits d'un beau visage
A moi qui ne veux point en faire aucun usage ?
A moi qui ne veux point, d'un souris, d'un regard,
Enchaîner chaque jour quelque amant à mon char ?
A moi qui ne suis point de ces femmes coquettes
Qui tirent intérêt de leurs faveurs secrètes ;

Et, mettant à profit les charmes de leurs yeux,
Trafiquent un présent qu'elles doivent aux dieux ?
Mais pourquoi faire au ciel une injuste querelle ?
Des amours de Tarquin suis-je pas criminelle ?
C'est moi qui, ce matin, par des soins imprudents,
Ai voulu me parer de ces ajustements ;
C'est moi qui, par ces nœuds dont l'appareil m'offense,
De mes cheveux épars ai dompté la licence.
Dangereux ornements, pernicieux attraits,
Cherchez une autre main, quittez-moi pour jamais ;
Périsse un ornement à ma vertu contraire !

(Elle veut ôter sa coiffure.)

SCÈNE II.

LUCRÈCE, L'ÉCUYER DE TARQUIN.

LUCRÈCE.

Mais quel mortel ici porte un pas téméraire ?

L'ÉCUYER.

Princesse, pardonnez, si d'un pas indiscret
Je m'offre devant vous crotté comme un barbet ;
Excusez, si forcé du zèle qui me presse....
Madame, par hasard, seriez-vous point Lucrèce ?

LUCRÈCE.

Oui, seigneur, je la suis.

L'ÉCUYER.

              L'empereur des Romains
Me dépêche vers vous, pour vous remettre ès mains

ACTE II, SCÈNE XVII.

Des signes assurés de l'amour qui le perce ;
Un poulet des plus grands, escorté d'un sesterce.
Un sesterce, en françois, fait mille écus et plus ;
Ma princesse, il est bon de peser là-dessus.

(Il lui présente un grand papier.)

LUCRÈCE.

A moi, seigneur ?

L'ÉCUYER.

A vous.

LUCRÈCE.

O dieux !

L'ÉCUYER.

Savez-vous lire ?
Lisez.

LUCRÈCE.

D'étonnement je ne saurois rien dire.

L'ÉCUYER.

Ne vous y trompez pas ; il est signé *Tarquin*,
Scellé de son grand sceau ; et plus bas, *Mezzetin*.

LUCRÈCE lit.

« Il n'est rien que l'amour ici ne vous soumette ;
« Vous remuez les cœurs par des ressorts secrets.
« En argent bien comptant je conte la fleurette,
    « Et je ne prends point garde aux frais ;
    « Car mon cœur, navré de vos traits,
    « A pris feu comme une allumette. »
Le style en est pressant.

L'ÉCUYER.

Et surtout laconique ;

Mais mieux que le papier cette bourse s'explique.
(Il lui présente une bourse que Lucrèce prend.)

LUCRÈCE.

Que dites-vous, seigneur ? L'ai-je bien entendu ?
Connoît-il bien Lucrèce ?

L'ÉCUYER.

Oui ; que je sois pendu
Haut et court par mon col, il vous connoît, madame.
Jugez, en ce moment, de l'excès de sa flamme,
D'acheter des faveurs trois cents louis comptants,
Qu'il pourroit obtenir ailleurs pour quinze francs.

LUCRÈCE.

N'étoit tout le respect que j'ai pour votre maître,
Vous pourriez bien, seigneur, sortir par la fenêtre.

L'ÉCUYER.

Moi, madame ?

LUCRÈCE.

Oui, seigneur ; car enfin, pour le roi,
Vous vous chargez ici d'un fort vilain emploi.

L'ÉCUYER.

C'est l'emploi le plus sûr pour brusquer la fortune.

LUCRÈCE.

Seigneur, votre présence en ces lieux m'importune :
Allez, retirez-vous.

L'ÉCUYER.

Voici Tarquin qui vient ;
Faites votre devoir, je vais faire le mien.
Souvenez-vous toujours, beauté trop dessalée,
Quand on reçoit l'argent, que l'on est enrôlée.

SCÈNE III.

LUCRÈCE, TARQUIN; GARDES, qui se retirent pendant le cours de la scène.

TARQUIN.

Avant que de venir vous découvrir mon cœur,
J'ai fait sonder le gué par mon ambassadeur;
Mon garde du trésor l'a fait partir en poste :
Aussi, sans un moment douter de la riposte,
Et poussé des transports d'un feu séditieux,
Je me suis transporté moi-même sur les lieux.
Mon amour, à la fin, a rompu sa gourmette,
Et mon valet de chambre apporte ma toilette.[1]

LUCRÈCE.

Seigneur, que ce discours pour Lucrèce est nouveau !
Moi que l'on vit dans Rome, au sortir du berceau,
Être un exemple à tous d'honneur et de sagesse !

TARQUIN.

On peut bien en sa vie avoir une foiblesse ;
Le soleil quelquefois s'éclipse dans les cieux,
Et n'en est pas moins pur revenant à nos yeux.
Plus d'une femme ici dont la vertu, je gage,
A souffert mainte éclipse, y passe encor pour sage;
Toute l'adresse gît à bien cacher son jeu :
Vous pouvez avec moi vous éclipser un peu.

---

[1] Dans les premières éditions, ce vers étoit ainsi :
Et je viens vous donner un brevet de coquette.

LUCRÈCE.

Quoi donc! oubliez-vous, seigneur, quelle est Lucrèce?

TARQUIN.

Oui, je veux l'oublier; car enfin, ma princesse,
Quand on peut regarder ce corsage joli,
Ce minois si bien peint, ce cuir frais et poli,
Cette bouche, ces dents, cette vive prunelle,
Qui, comme un gros rubis, charme, brille, étincelle;
Surtout ces petits monts, faits d'un certain *métail*,
Tenus sur l'estomac par deux clous de corail;
Que l'on a vu ce nez.... Ah, divine princesse!
On oublie aisément que vous êtes Lucrèce,
Pour se ressouvenir qu'en ce pressant destin
Toute Lucrèce est femme, et tout homme est Tarquin.

(Il veut lui baiser la main.)

LUCRÈCE.

Quelle entreprise! ô ciel! quelle ardeur téméraire!
Seigneur, que faites-vous?

TARQUIN.

     Rien qu'on ne puisse faire.
D'un amour clandestin mon foie est rissolé;
Jusques aux intestins je me sens grésillé.
Ah, madame! souffrez que mon amour vous touche.
Que d'appas! que d'attraits! l'eau m'en vient à la bouche.

LUCRÈCE.

On pourroit, par bonté, d'un amour mutuel....
Mais, seigneur, vous allez d'abord au criminel.

Ce vers étoit ainsi dans les premières éditions :
 Quand je suis tout en feu, serez-vous une souche?

ACTE II, SCÈNE XVII.

TARQUIN.

Madame, j'aime en roi, cela veut dire en maître ;
Ma tendresse est avide, et veut de quoi repaître :
Un regard, un soupir affriole un amant ;
Mais c'est viande trop creuse à mon amour gourmand.

LUCRÈCE.

Seigneur, à quelque excès vous porterez mon âme.

TARQUIN.

Madame, à quelque excès vous pousserez ma flamme.
Assez, et trop long-temps, vous attisez mon feu ;
J'ai trop fait pour tirer mon épingle du jeu.

LUCRÈCE.

Avant qu'à tes desseins mon cœur se détermine,
Ce fer, de mille coups, m'ouvrira la poitrine.

TARQUIN.

Il n'est pas temps encor d'accomplir ce désir :
Vous vous poignarderez après tout à loisir.

LUCRÈCE.

Quoi, seigneur ! ma vertu, cette fleur immortelle....

TARQUIN.

Avec votre vertu, vous nous la baillez belle.
Holà ! Gardes, à moi.

SCÈNE IV.

TARQUIN, LUCRÈCE, L'ÉCUYER, Gardes.

L'ÉCUYER.
Que voulez-vous, seigneur?
LUCRÈCE.
Puisque rien ne sauroit arrêter ta fureur,
Approche, et vois en moi l'action la plus rare
Dont jamais l'univers ait ouï parler. Barbare !
Contre tes noirs desseins en vain j'ai combattu,
Eh bien ! connois Lucrèce et toute sa vertu.

(Elle se poignarde, et on l'emporte.)

SCÈNE V.

TARQUIN, SON ÉCUYER.

TARQUIN.
Que vois-je ? Juste ciel !
L'ÉCUYER.
Bon ! ce n'est que pour rire.
TARQUIN.
Non, la peste m'étouffe : elle tombe, elle expire ;
Et c'est moi, dieux cruels ! qui suis son assassin !
C'est moi qui lui plongeai ce poignard dans le sein !
Que la terre irritée, après tant d'injustices,
S'ouvre pour m'engloutir dans ses creux précipices !

ACTE II, SCENE XVII.

Que la foudre du ciel sur moi tombe en éclats !
Mais quoi ! pour me punir n'ai-je donc pas un bras ?
(Il prend le poignard dont Lucrèce s'est percée.)
Que ce poignard, encor tout fumant de sagesse,
Immole, en même temps, et Tarquin et Lucrèce.
Frappons ce lâche cœur. Qui me retient la main ?
Perçons.... Non, remettons cette affaire à demain.
Je sens mollir mon bras ; je sens couler mes larmes,
Et ma main, de foiblesse, abandonne les armes :
Je deviens tout perplex. Viens-t'en me soutenir.
(Il s'appuie sur son écuyer.)
O temps ! ô siècle ! ô mœurs ! Que dira l'avenir ?
D'un chimérique honneur le sexe s'infatue !
Plutôt que forligner, une femme se tue !
Ah ! Lucrèce, m'amour, vous donnez aujourd'hui
Un exemple étonnant, qui sera peu suivi.

L'ÉCUYER.

Pleurez, seigneur, pleurez l'excès de vos fredaines.

TARQUIN.

Ah ! toi qui sais pleurer, épargne-m'en les peines.

L'ÉCUYER.

Chantez du moins un air sur son triste tombeau.

TARQUIN.

C'est à toi bien plutôt d'enfler le chalumeau.
(Il chante.)

Car je t'ai pris pour mon valet,
A cause de ton flageolet.

FIN DU SECOND ACTE.

ACTE TROISIÈME.

SCÈNE I.

OCTAVE, ARLEQUIN, PIERROT.

ARLEQUIN, à Pierrot.

Otez-vous de là, vous dis-je; j'ai commencé l'affaire, et je prétends la finir.

OCTAVE.

Mais laisse-le parler. Voyons.

ARLEQUIN.

Oh! je le veux bien; qu'il parle : je ne dis plus rien, moi. Une bête parler! morbleu! cela me désole.

PIERROT.

Oui, parler, parler, et mieux que toi.

OCTAVE, à Arlequin.

Que sait-on? écoutons-le. L'envie qu'il a de parler vient peut-être....

ARLEQUIN.

Oh! l'envie qu'il a de parler ne me surprend pas; *omnis homo naturaliter cupit scire;* mais je suis surpris que vous vouliez l'écouter.

OCTAVE.

Oh çà, mon pauvre Pierrot, parle donc, et laisse

dire Arlequin. Comment ferons-nous pour avoir le consentement du Docteur pour mon mariage avec Angélique ? Tu sais que nous en avons besoin.

PIERROT.

Tenez, monsieur, je sais une manière sûre....

ARLEQUIN.

Pour aller aux Petites-Maisons.

PIERROT.

Une manière sûre pour avoir ce consentement-là. Tenez; mais c'est que cela part de là. (Il se touche le front.) Il faut tâcher de rendre le Docteur muet.

ARLEQUIN.

Il vaudroit mieux te rendre muet, toi; tu ne dirois pas tant de sottises.

OCTAVE.

Patience, Arlequin; laisse-le parler. (à Pierrot.) Et pourquoi rendre le Docteur muet? Je ne te comprends pas.

PIERROT.

Pourquoi ? Voici comment j'argumente : Qui est muet, ne dit mot; qui ne dit mot, consent. *Ergò*, en rendant le Docteur muet, nous aurons son consentement. Hem?

ARLEQUIN, riant.

Voilà un argument *in balordo*.

OCTAVE.

Hé! va-t'en au diable, avec ton argument. (à Arlequin.) Mon pauvre Arlequin, je suis perdu sans toi.

ARLEQUIN.

Moi, monsieur, je me donnerai bien de garde de vous rien dire. Pierrot a envie de parler : écoutez-le ; que sait-on ?....

OCTAVE.

J'ai tort de l'avoir écouté ; mais que veux-tu ? Le désir de sortir de l'embarras où je suis m'a fait tomber dans l'erreur. Je conviens que tu as plus d'esprit que lui, et que tu es le seul qui peux me tirer de peine. Mon cher Arlequin, de grâce....

ARLEQUIN.

Si je parle, ce n'est point pour l'amour de vous ; c'est pour confondre ce bélître-là, qui se croit un docteur, et veut parler argument. (à Pierrot.) Va-t'en argumenter dans l'écurie, mon ami, va. (à Octave.) Écoutez, monsieur ; voici comme l'on argumente quand on veut prouver une chose infaillible.

OCTAVE.

Que tu me fais plaisir !

ARLEQUIN.

Pour avoir Angélique, il faut que vous alliez vous-même la demander au Docteur. D'abord, vous l'aborderez d'un air grave et soumis.

OCTAVE.

D'un air grave et soumis ?

ARLEQUIN.

Oui ; pour marquer, par la gravité, que vous êtes de qualité ; et par la soumission, que vous venez pour le prier. (Il fait un lazzi pour exprimer la gravité et la soumission en même temps.) Et puis, dans cette attitude, vous direz au Docteur : Je viens vous supplier de m'accorder mademoiselle Angélique en mariage.

OCTAVE.

Et lui, qui ne veut point consentir à cela, me répondra d'abord : Non, vous ne l'aurez pas.

ARLEQUIN.

Tant mieux : je serois bien fâché qu'il dît oui. Aussitôt vous répliquerez, sans changer de posture : Hé! de grâce, monsieur le Docteur, accordez Angélique en mariage au pauvre Octave.

OCTAVE.

Mais il dira encore : Non, je ne veux pas vous la donner.

ARLEQUIN.

Voilà où je l'attends. Dès qu'il aura dit encore une fois non, vous le remercierez, et vous irez épouser Angélique.

OCTAVE.

Est-ce que tu te moques de moi ? Quand le Docteur aura dit deux fois non, je serai aussi avancé que je l'étois avant de lui avoir parlé.

ARLEQUIN.

Que vous avez l'intelligence épaisse ! Ma foi, je ne m'étonne pas si vous aimez Pierrot ; la ressemblance engendre l'amitié. Est-ce que vous ne savez pas qu'en bonne école deux négations valent une affirmation ? *Ergò,* quand le Docteur aura dit deux fois non, cela voudra dire une fois oui; et par conséquent vous aurez son consentement.

OCTAVE.

Ton argument est aussi impertinent que celui de Pierrot, et....

ARLEQUIN.

Ne voyez-vous pas, monsieur, que ce que je vous en dis n'est que pour rire et pour contrecarrer Pierrot? Mais le moyen d'avoir le consentement du Docteur est sûr. Allez vous préparer pour votre déguisement en sauvage. Trouvez-vous au sérail de l'empereur du cap Vert; j'y serai; le Docteur y viendra, et nous le ferons donner dans le panneau. Mais, auparavant, allez-vous-en avec Angélique dans le cadran du Zodiaque : Colombine m'a assuré que le Docteur doit y venir.

PIERROT.

C'est bien dit; sans moi vous n'auriez jamais trouvé cela.

SCÈNE II.

OCTAVE, ARLEQUIN.

OCTAVE.

Je crois effectivement que c'est le plus sûr. Je vais me préparer à tout.

ARLEQUIN.

Allez, je reste ici, moi, en attendant le Docteur.

SCÈNE III.

ARLEQUIN, à la porte de sa loge, crie, après avoir tiré plusieurs papiers de sa poche.

C'est ici, messieurs, que l'on voit tout ce qu'il y a de plus curieux à la Foire.

SCÈNE IV.

ARLEQUIN, LE DOCTEUR.

ARLEQUIN continue de crier.

Sauts périlleux; un Basque derrière un carrosse, qui saute dedans sans attraper la roue; un greffier, qui saute à pieds joints par-dessus la justice; une vieille femme qui saute à reculons de cinquante ans à vingt-cinq; une jeune fille qui saute en avant de l'état de fille à celui de veuve, sans avoir passé par le mariage. Qui est-ce qui veut voir, messieurs?

Monstres naturels : un animal moitié médecin de la ceinture en haut, et moitié mule de la ceinture en bas; un autre animal moitié avocat, moitié petit maître; un anthropophage qui mange les hommes tout cruds, et qui n'a plus faim dès qu'il voit des femmes. On voit cela à toute heure, messieurs; l'on n'attend point.

Ouvrages merveilleux : un sac fait à l'aiguille, contenant le procès d'un Bas-Normand, commencé sous Richard-sans-peur, premier duc de Normandie, et qui ne finira pas encore de deux siècles. Le coffre-fort d'un Gascon, pesant trois grains de blé, et si, il y a dedans ses épargnes de dix années. Mais ce qui fait l'étonnement de tous les curieux, c'est une pendule qui marque l'heure d'emprunter, et jamais celle de rendre; ouvrage très utile à la plupart des officiers revenus de l'armée.

LE DOCTEUR, après avoir écouté attentivement.

Monsieur, je voudrois bien voir cette pendule; et si elle est comme vous le dites, je l'achèterai, à quelque prix que ce soit.

ARLEQUIN.

Oh, monsieur! ces pendules-là ne se vendent pas; on en fait des loteries; et depuis qu'on ne donne plus de jetons dans les compagnies, ce sont les horlogers qui les distribuent.

LE DOCTEUR.

Hé bien, je prendrai des billets de loterie.

ARLEQUIN.

Vous ferez fort bien; vous avez la physionomie heureuse, et je crois que vous gagnerez le gros lot; mais avant que de recevoir votre argent, je veux vous faire voir le gros lot de ma loterie. Qu'on ouvre.

SCÈNE V.

La ferme s'ouvre ; on voit un grand cadran en émail, et les signes du Zodiaque, figurés par des personnes naturelles.

ARLEQUIN, LE DOCTEUR ; LE TEMPS,
figuré par Mezzetin.

LE DOCTEUR *examine les signes du Zodiaque.*

Voila bien des signes que je ne connois pas.

ARLEQUIN.

Je le crois bien. Ce sont tous signes symboliques et mystérieux que j'ai mis à la place des anciens. Je réforme le Zodiaque comme il me plaît, moi.

LE DOCTEUR.

Un procureur ? Et qui a pu mettre un procureur parmi les astres ?

ARLEQUIN.

C'est moi qui l'ai mis à la place du *cancer*.

Celui que vous voyez en signe,
Ce fut un procureur insigne,
Que j'ai nommé cancre ou vilain,
Pour m'avoir fait mourir de faim
Quand j'étois clerc sous sa férule.
On entendoit à sa pendule
    Sonner l'heure du coucher
    Avant celle du souper.

LE DOCTEUR.

Qu'est-ce que c'est que cette fille avec un trébuchet à la main ?

ARLEQUIN.

Au lieu de signe, on a pris soin
De mettre en cet endroit l'épicière du coin.
La balance autrefois servoit à la justice :
Maintenant au palais ce meuble est superflu ;
 Et l'on ne s'en sert presque plus
 Qu'à peser le sucre et l'épice.

LE DOCTEUR.

Ah, ah ! voilà un homme qui me ressemble.

ARLEQUIN.

C'est le capricorne.

Quoique ce chef cornu contienne une satire,
 Je ne veux rien vous dire
 Sur un sujet si beau.
Pour un époux content que mes vers feroient rire,
 Mille enrageroient dans leur peau.

LE DOCTEUR.

Est-ce qu'il y a des malades dans le firmament, que j'y vois un carabinier de la faculté ?

ARLEQUIN.

J'ai mis, au lieu du sagittaire,
 Ce vénérable apothicaire.
Tout visage sans nez frémit à son aspect ;
Et lui, s'agenouillant de civile manière,
 Tire la flèche avec respect.

LE DOCTEUR.

Est-ce qu'il y a quelque signe de mort, que je vois une place vacante dans votre Zodiaque ?

ACTE III, SCENE V.

ARLEQUIN.

J'ai cherché vainement par tout notre hémisphère
Une fille pour mettre au signe de *virgo*;
    Mais, par le premier ordinaire,
    Il m'en vient une de Congo.

Mais que dites-vous de ces deux jumeaux-là?

LE DOCTEUR.

Comment! c'est Octave et Angélique qui s'embrassent.

ARLEQUIN.

Vous l'avez dit, docteur; les *Gemini* sont morts;
Mais ces deux grands jumeaux que vous voyez paroître,
    Ne faisant plus qu'un en deux corps,
    Malgré vous en feront renaître.

LE DOCTEUR, en colère.

Allez-vous-en au diable, avec votre Zodiaque. Je vous trouve bien insolent.

ARLEQUIN.

Doucement, ne nous fâchons point, monsieur le Docteur. Pour vous dépiquer, je vais vous faire entendre quelque chose de bien beau.

LE DOCTEUR.

Je ne veux plus rien voir ni rien entendre. Vous êtes un suborneur de la jeunesse.

ARLEQUIN.

Vous ne sauriez pourtant vous en dédire (Le Temps, représenté par Mezzetin, quitte le cadran, et s'avance sur le devant du théâtre.) Voilà le Temps qui s'avance pour chanter : il faut que vous l'écoutiez paisiblement ; il y va de votre vie. Si vous l'interrompiez, il vous couperoit le cou avec sa faux.

LE DOCTEUR.

La malepeste! j'aime mieux l'écouter.

MEZZETIN, *représentant le Temps, chante au nez du Docteur.*

Ton temps est passé;
Ton timbre est cassé;
Tu t'en vas finir ta carrière.
Ne prends point de femme, car,
Au lieu de sonner l'heure entière,
Tu ne sonnerois que le quart.

(*Le fond du théâtre se referme, et tous les acteurs sortent.*)

SCÈNE VI.

UN LIMONADIER, UN OFFICIER SUISSE.

L'OFFICIER.

Hola, ho! quelqu'un! Bastien, François, Ambroise! N'y a-t-il là personne?

LE LIMONADIER.

Me voilà, monsieur : que vous plaît-il?

L'OFFICIER.

Que la peste vous crève, mon ami! vous me faites égosiller deux heures. Vite, du ratafia.

LE LIMONADIER.

Qu'on apporte du ratafia à monsieur.

(*On apporte une carafe de demi-setier.*)

ACTE III, SCENE VI.

L'OFFICIER, après avoir avalé la carafe tout d'une haleine.

Ton ratafia est-il bon?

LE LIMONADIER.

C'est à vous à m'en dire des nouvelles.

L'OFFICIER.

Je ne le trouve pas assez coulant. Donne-m'en encore.

(On apporte une seconde carafe, qu'il boit comme la première.)

LE LIMONADIER.

Vous le faites pourtant bien couler. Du ratafia à monsieur; vite.

L'OFFICIER, avalant une troisième carafe.

Il n'y a pas assez de noyau.

LE LIMONADIER.

De la manière que vous l'avalez, s'il y avoit des noyaux, ils vous étrangleroient. Encore du ratafia à monsieur.

L'OFFICIER, buvant une quatrième carafe.

Ton ratafia est-il naturel, comme il sort de la vigne?

LE LIMONADIER.

Aussi naturel que le vin de Champagne des cabaretiers de Paris.

L'OFFICIER.

C'est-à-dire que vous autres vendeurs de ratafia, vous êtes aussi honnêtes gens que les marchands de vin.

LE LIMONADIER.

C'est à peu près la même chose; et dans peu nous

espérons ne faire qu'un corps, comme les violons et les maîtres à danser. Vous en plaît-il encore ?

L'OFFICIER.

Belle demande ! (On lui donne une carafe, qu'il boit comme les autres.) Je commence à m'apercevoir que ton ratafia ne vaut pas le diable, ce qui s'appelle, pas le diable.

LE LIMONADIER.

Et qu'y trouvez-vous, monsieur ? Vous ne l'avez peut-être pas bien goûté. En voudriez-vous encore une carafe ?

SCÈNE VII.

L'OFFICIER, LE LIMONADIER, UN PETIT MAITRE.

LE LIMONADIER.

Mais voici quelqu'un.

LE PETIT MAÎTRE entre en fredonnant, et se promène d'un air distrait.

Tout comme il vous plaira, la rira; tout comme il vous plaira.

LE LIMONADIER.

Monsieur, que vous plaît-il ? du thé, du café, du chocolat ?

LE PETIT MAÎTRE, toujours distrait.

Tout comme il vous plaira, la rira, etc.

LE LIMONADIER.

Voulez-vous aller là-haut, ou demeurer ici ?

ACTE III, SCENE VII.

LE PETIT-MAÎTRE, sans y prendre garde, heurte l'Officier.

Tout comme il vous plaira, la rira, etc.

L'OFFICIER.

Monsieur, prenez garde à vous, s'il vous plaît.
Si vous poussez si fort, il faudra que je sorte.

LE PETIT MAÎTRE.

Tout comme il vous plaira, la rira, etc.

L'OFFICIER.

Ventrebleu, monsieur ! je ne sais pas comment je dois prendre votre procédé.

LE PETIT MAÎTRE.

Tout comme il vous plaira, la rira, etc.

L'OFFICIER, mettant l'épée à la main.

Allons, morbleu ! l'épée à la main.

LE PETIT MAÎTRE, tirant l'épée.

Tout comme il vous plaira, la rira, etc.

L'OFFICIER, étant blessé.

Ah ! je suis blessé : à l'aide, au secours, au guet, en prison.

LE PETIT MAÎTRE, le poursuivant.

Tout comme il vous plaira, la rira, etc.

L'OFFICIER, se sauvant.

Ah, coquin ! tu m'as tué ; mais tu seras pendu.

LE PETIT MAÎTRE.

Tout comme il vous plaira, la rira ; tout comme il vous plaira.

SCÈNE VIII.

LE DOCTEUR, PIERROT.

PIERROT.

De la joie, monsieur, de la joie! Je vous l'avois bien dit que vous retrouveriez Angélique.

LE DOCTEUR.

J'ai promis vingt pistoles à qui me la feroit retrouver : j'en donnerois présentement cinquante à qui me la feroit perdre.

PIERROT.

Payez-moi toujours la retrouvaille, et après nous ferons marché pour la reperdaille.

LE DOCTEUR.

Est-ce que tu l'as rencontrée en ton chemin?

PIERROT.

Non, monsieur; mais mes correspondants m'ont donné des avis. Un oublieux m'a dit qu'on avoit vu, dans le Marais, entre onze heures et minuit, une fille sortir en habit de bain, pendant qu'on précipitoit son déménagement par les fenêtres. Est-ce Angélique?

LE DOCTEUR.

Je ne crois pas cela.

PIERROT.

Un crocheteur de la douane m'a donné avis qu'on avoit retrouvé, parmi les sacs d'un caissier, une petite femme qui s'étoit perdue la veille au lansquenet. Est-ce Angélique ?

LE DOCTEUR.

Ce n'est pas elle : elle est trop grosse, et ne pourroit se cacher que derrière des sacs de blé.

PIERROT.

Un vendeur d'eau-de-vie m'a assuré qu'il avoit vu entrer à quatre heures du matin une jolie solliciteuse chez un jeune rapporteur, et qu'il l'avoit menée, l'après-midi, au Port-à-l'Anglois, pour instruire son procès.

LE DOCTEUR.

Angélique n'a point de procès.

PIERROT.

Attendez, monsieur, on m'a donné encore un avis....

LE DOCTEUR.

Je ne veux plus entendre parler d'Angélique ni de tes avis; et je la méprise si fort, que si je trouvois à me marier avec une autre, je l'épouserois dès aujourd'hui.

PIERROT.

Mais, monsieur, puisque l'appétit de la noce vous gourmande si fort, allez voir le sérail de l'empereur du cap Vert. On dit qu'il fait l'inventaire de ses femmes : vous en trouverez peut-être quelqu'une à votre convenance.

LE DOCTEUR.

Que me dis-tu ? Quoi ! on vend des femmes à la Foire ?

PIERROT.

Oui, monsieur ; c'est la grande nouvelle de Paris :
on y court des quatre coins de la ville.

LE DOCTEUR.

Allons voir ce que c'est que ce commerce-là.

PIERROT.

Je vais vous y mener. J'en prendrai peut-être une
pour mon compte, si j'en trouve à ma propice, et
qui soit digne de mon mérite.

SCÈNE IX.

La ferme s'ouvre, et le théâtre représente l'intérieur du sérail de l'empereur du cap Vert; on y voit plusieurs berceaux de fleurs, gardés par des eunuques. L'empereur du cap Vert, représenté par Arlequin, est debout sur un trône de fleurs, soutenu par des singes, et entouré de perroquets, de serins de Canarie, etc. L'orchestre joue une marche, et les eunuques passent en revue devant Arlequin, qui, ensuite, danse seul une entrée.

ARLEQUIN, seul.

Je suis prince de la verdure,
Le teinturier en vert de toute la nature :
 On ne me prend jamais sans vert.
Singes et perroquets sont dans ma seigneurie :
 Roi des serins de Canarie,
Je m'appelle, en un mot, l'empereur du cap Vert.
C'est ici que l'on voit un sérail à louer,
 Femme à vendre, ou femme à donner..
 Si je voulois en acheter,

ACTE III, SCENE IX.

Je ne saurois auquel entendre.
Combien, en ce lieu, de maris
M'amèneroient leurs femmes vendre,
Et m'en feroient fort juste prix !

(aux Eunuques.)

Vous, geôliers bistournés, qui, pour ma sûreté,
De mes menus plaisirs gouvernez les serrures,
A mes oiseaux privés donnez la liberté :
Qu'ils viennent chercher leurs pâtures.

(Les berceaux se changent en de grands fauteuils, sur chacun desquels une femme est assise.)

SCÈNE X.

ARLEQUIN, LE VALET DE THÉATRE.

LE VALET.

MONSIEUR, voilà un homme qui dort, et qui demande une femme.

ARLEQUIN.

Un homme qui dort, et qui demande une femme ! Il rêve donc ? Voilà quelque habitant du pays de Papimanie.

SCÈNE XI.

ARLEQUIN, UN DORMEUR.

LE DORMEUR, enveloppé d'un manteau fourré.

TOUJOURS je dors, toujours je bâille.

(Il bâille à plusieurs reprises.)

ARLEQUIN.

Qui vous fit sous le nez une si longue entaille?

LE DORMEUR.

En mariage ici je viens m'appareiller.

ARLEQUIN.

Il faut vous marier avec un oreiller.

LE DORMEUR.

Non, monsieur, il me faut une femme gaillarde,
Quelque jeune égrillarde,
Qui chante pour me réveiller.

ARLEQUIN.

Femme trop éveillée, et mari qui sommeille,
Ne peuvent long-temps s'accorder.
Toujours au chant du coq la poule se réveille;
Mais quand le coq s'endort, la poule a beau chanter,
Elle n'est jamais entendue;
Et l'époux, en ronflant la basse continue,
L'oblige bien à déchanter.

LE DORMEUR.

Plus d'un mari qui m'écoute
Voudroit, en certain temps, pouvoir dormir bien fort;
Car quand on dort
On ne voit goutte.

ARLEQUIN.

Dormir trop fort aussi donne un autre chagrin;
Car souvent la femme irritée,
Voyant que son époux dort d'un sommeil malin,
S'en va, n'étant point écoutée,
Chercher, pour l'éveiller, le secours du voisin.

ACTE III, SCENE XI.

Mais je m'en vais vous faire avancer toutes mes sultanes : vous les verrez ; et s'il y en a quelqu'une à votre goût, vous la prendrez. (Les Sultanes s'avancent.) (Il réveille le dormeur.) Hé ! il ne faut pas dormir, quand il est question de choisir une femme ; les plus clairvoyants n'y voyent pas assez clair. Réveillez-vous donc. Tenez, en voilà une qui sera bien votre fait, car elle chante toujours. Avancez, la belle.

LA CHANTEUSE, en sultane, chante.

Époux qui possédez un objet plein d'appas
Ne vous endormez pas ;
Gardez bien votre conquête
Contre les veilles d'un amant :
Car, bien souvent,
Un mari se réveille avec un mal de tête
Qu'il n'avoit pas en s'endormant.

ARLEQUIN chante sur l'air de Pierre Bagnolet.

La femme est une place ennemie
Que tôt ou tard on assiégera :
Il faut toujours qu'un mari crie :
Qui vive, qui vive, qui va là ?
Veille qui pourra !
Si la sentinelle est endormie,
Dans le corps-de-garde on entrera.

SCÈNE XII.

ARLEQUIN, UN MUSICIEN ITALIEN.

L'ITALIEN.

Vous voyez, monsieur, un homme au désespoir. Ha, ha, ha! (Il rit.)

ARLEQUIN.

A vous voir rire, on ne le croiroit jamais.

L'ITALIEN.

Je ne saurois m'empêcher de rire, quand je songe que je vais me marier. (Il pleure.)

ARLEQUIN.

Ce n'est pas là un sujet de tristesse.

L'ITALIEN.

J'ai perdu, depuis peu, un procès qui m'afflige beaucoup. (Il rit.)

ARLEQUIN.

Il n'y a pas là de quoi rire.

L'ITALIEN.

Mais ce qui me réjouit, c'est que je suis délivré, par arrêt, de ma première femme. (Il pleure.)

ARLEQUIN.

Quel diable d'homme est-ce là? Il rit quand il faut pleurer, et il pleure quand il faut rire.

L'ITALIEN.

La coquine m'a perdu de réputation; elle m'a accusé en justice de n'être un mari seulement que pour la forme, et m'a fait déclarer vieux à la fleur de mon âge.

ARLEQUIN.

J'entends votre affaire; on vous a mis sur la liste *de frigidis et maleficiatis.*

L'ITALIEN.

Oui, monsieur; mais vous allez rire. Une goguenarde de servante a demandé, en justice, que je fusse obligé de nourrir son enfant, dont elle dit que je suis le père, parce qu'il me ressemble.

ARLEQUIN.

S'il falloit adopter tous les enfants qui ressemblent, et désavouer tous ceux qui ne ressemblent pas, on verroit un beau brouillamini dans les familles.

L'ITALIEN.

Ne suis-je pas bien malheureux? Je me flattois que, de ces deux procès, il falloit que j'en gagnasse un.

ARLEQUIN.

J'en aurois mis ma main au feu.

L'ITALIEN.

Je les ai perdus tous deux.

ARLEQUIN.

Tous deux! cela n'est pas juste.

L'ITALIEN.

Non, assurément; car ou je suis, ou je ne suis pas; ma servante dit oui, ma femme dit non : cependant, le même jour, les mêmes juges ont déclaré que j'étois oui et non tout à la fois, et m'ont condamné aux dépens. Ha, ha, ha! (Il rit.)

ARLEQUIN chante.

> Après un pareil procès,
> Crois-moi, ne plaide jamais.
> Dans la même occasion,
> Tantôt on dit oui, tantôt on dit non.
> Par arrêt te voilà donc
> Déclaré coq et chapon.

Mais ta seconde femme, qu'en as-tu fait?

L'ITALIEN.

Hélas! monsieur, elle est morte : l'on m'avoit accusé de l'avoir tuée ; et, sans l'argent et des amis, j'aurois été pendu pour un femmicide.

ARLEQUIN.

Comment donc! conte-moi un peu cela.

L'ITALIEN.

Le vrai de la chose est que ma femme est morte, parce que je n'ai pas eu assez de complaisance pour elle.

ARLEQUIN.

Voilà qui est extraordinaire! Cette femme-là prenoit donc les choses bien à cœur?

L'ITALIEN.

Un jour d'hiver elle revient à la maison à deux heures après minuit, heurte comme tous les diables; mais je n'eus jamais la complaisance de lui aller ouvrir : elle coucha dehors.

ACTE III, SCENE XII.

ARLEQUIN.

Et pour cela, elle mourut?

L'ITALIEN.

Oh! que nenni.

ARLEQUIN.

Je m'en étonnois aussi; jamais femme n'est morte pour avoir couché dehors.

L'ITALIEN.

Une autre fois je l'enfermai deux jours et deux nuits dans la cave, avec un pain de six livres; et quoi qu'elle pût dire, je n'eus jamais la complaisance de lui ouvrir.

ARLEQUIN.

Et elle en mourut?

L'ITALIEN.

Point du tout. Elle but tout un quartaut de vin de Champagne, et mangea les deux tiers d'un jambon de quinze livres.

ARLEQUIN.

Cette femme-là étoit bien en colère.

L'ITALIEN.

Voyant qu'elle ne se corrigeoit pas, je l'emmenai promener sur l'eau, dans un petit bateau, du côté de Charenton; et comme elle étoit assise sur le bord du bateau, je la poussai tant soit peu en passant, et elle tomba dans la rivière. La voilà qui commence à crier : A moi! miséricorde! au secours! Je n'eus jamais la complaisance de lui tendre la main.

ARLEQUIN.

Et elle en mourut?

L'ITALIEN.

Non, monsieur; elle se noya.

ARLEQUIN.

Comme s'il y avoit de la différence entre mourir et se noyer! Mais de quelle vacation êtes-vous?

L'ITALIEN.

Je suis musicien italien, monsieur.

ARLEQUIN.

Je ne m'étonne pas s'il y a quelque *deficit* à votre personne, et si vous êtes si peu complaisant. Oh bien, j'ai justement ici votre affaire : j'ai une fille qui a été serin de Canarie autrefois. Vous ferez ensemble des concerts admirables.

L'ITALIEN.

Serin de Canarie! Vous vous moquez.

ARLEQUIN.

Non. Pythagore lui a révélé cela : elle le croit; c'est sa folie.

SCÈNE XIII.

ARLEQUIN, LE MUSICIEN ITALIEN, COLOMBINE.

ARLEQUIN, à Colombine.

Parlez, n'est-il pas vrai, belle visionnaire,
Que vous avez jadis chanté dans ma volière?

ACTE III, SCENE XIII.

COLOMBINE.

Oui, seigneur ; et c'est aujourd'hui
Ce qui fait mon mortel ennui.
Lorsque j'étois serin de Canarie,
Je passois plaisamment la vie :
J'étois l'honneur de ce séjour.
Je chantois tout le long du jour.
Aux opéra d'oiseaux, j'avois le premier rôle :
J'étois Armide, Arcabonne, Didon ;
Je me pâmois en poussant un fredon,
Et rien ne me manquoit, enfin, que la parole.
On m'a, croyant me faire un plaisir singulier,
Naturalisé fille. Ah ! le triste métier !

ARLEQUIN.

Vous avez tort d'avoir tant d'amertume,
La belle, autrefois bête à plume ;
C'est un sort plein d'attraits
D'être jeune fille au teint frais ;
D'avoir un nez, un front. Ma foi, vous êtes folle
De vouloir retourner à votre ancienne peau.
Une fille, en tout temps, se vend mieux qu'un oiseau ;
Je vous en donne ma parole.
Pour trois ou quatre écus, j'achète le plus beau ;
Mais en cas d'une fille, un peu friand morceau,
Vous n'avez pas grand'chose avec une pistole.

COLOMBINE.

Lorsque j'étois serin, il m'en souvient encore,
Rien ne contraignoit mes désirs :
De mes chants amoureux je saluois l'aurore ;

J'allois, sur l'aile des zéphyrs,
Dès le matin caresser Flore;
Et lorsque du soleil la lumière inégale
Sur la terre s'affoiblissoit,
Sans redouter l'éclat, sans craindre le scandale,
Je couchois où bon me sembloit.

ARLEQUIN.

On trouve toujours assez vite
Quelque charitable passant
Qui vous loge, chemin faisant.
Fille porte toujours de quoi payer son gîte.

COLOMBINE.

A mon réveil, en dépit des filets,
Je voltigeois dans les forêts
Avec quelque serin du plus joli plumage :
Tantôt dans les jardins nous passions tout le jour
A gazouiller sous un feuillage,
Et nous n'interrompions jamais notre ramage
Que par des silences d'amour.

ARLEQUIN.

On vit de même encor; c'est ici la coutume;
Les bois et les jardins sont des écueils d'honneur,
Des coupe-gorges de pudeur.
On voit certains oiseaux, non des oiseaux à plume,
Femelles à maintien suspect,
Qui, sans aller chercher les îles Canaries,
Trouvent à faire un nid le soir aux Tuileries,
Avec des serins à gros bec.

COLOMBINE.

Je ne conduisois point une intrigue en cachette;
J'écoutois mille oiseaux murmurer tour à tour,
 Et ne passois point pour coquette,
Quoique avec tout venant je parlasse d'amour.

ARLEQUIN.

 Hé bien, c'est encor la méthode;
Sans être trop coquette, on a plusieurs amants,
 D'été, d'hiver et de printemps,
 Dont on change suivant la mode.
Une fille aujourd'hui, sans sonner le tocsin,
 Attire un garçon d'une lieue,
Et l'on ne trouve point de femelle en chemin
 Qui n'ait maint mâle après sa queue.

COLOMBINE.

 Lorsque le printemps, de retour,
 Excite nos cœurs à l'amour,
Sans appeler ni parents ni notaire,
Je choisissois l'époux qui savoit mieux me plaire;
 Nous goûtions un heureux destin,
 Et mon époux étoit certain
Que de tous ses petits il étoit le vrai père.

ARLEQUIN.

Ceux que le dieu d'hymen a pris au trébuchet
 Ne sont pas si sûrs de leur fait;
Et tel se voit d'enfants une longue couvée,
Qui n'a fait que prêter son nom à la nichée.

COLOMBINE.

Sans aller en justice exposer les défauts

De ces maris froids ou brutaux,
Quand un nouveau venu me plaisoit davantage,
Je rompois net mon mariage,
Sans craindre que, par des arrêts,
On eût droit de me mettre en cage ;
Et le printemps suivant, j'allois dans un bocage
Me marier sur nouveaux frais.

ARLEQUIN, à l'Italien.

Prends vite de ma main cette femme prudente ;
Pour ne pas effleurer ta réputation,
Tu la verras changer de maris plus de trente,
Avant de demander la séparation.

L'ITALIEN.

Monsieur, je la prendrai ; mais souvenez-vous que.... (Il chante.)

Je suis oui, je suis non ;
Selon l'occasion,
La chose est incertaine :
Je suis toujours oui
Chez la femme d'autrui ;
Mais je suis non avec la mienne.

ARLEQUIN chante.

Dedans tes champs sème, arrose, défriche ;
Plante en tout temps, si tu veux être riche :
Mais
A laisser sa femme en friche,
On ne s'appauvrit jamais.

L'ITALIEN.

Mais si l'incomplaisance me prenoit ?

ARLEQUIN.

Oh! pour cela, suis cette leçon; écoute. (Il chante.)

> Sois complaisant, affable et débonnaire;
> Traite ta femme avec douce manière :
>   Mais
>   Quand elle est dans la rivière,
>   Ne l'en retire jamais.

SCÈNE XIV.

ARLEQUIN, LE DOCTEUR.

LE DOCTEUR, épouvanté.

Au secours! à l'aide! prenez garde à moi.

ARLEQUIN.

Qu'y a-t-il donc, monsieur le Docteur? Le feu est-il à la Foire?

LE DOCTEUR.

Ah! pis que cela cent fois. Ce sauvage qu'on montre à la Foire, cet anthropophage qui mange les hommes, s'est échappé de sa loge, et me poursuit pour me dévorer. Il ne s'arrête que quand il voit des femmes. N'en avez-vous point ici?

SCÈNE XV.

ARLEQUIN, LE DOCTEUR, OCTAVE,
en sauvage.

OCTAVE, poursuivant le Docteur, et voulant se jeter sur lui.
Branas sigyda peristoq, ourda chiribistaq.
LE DOCTEUR.
Miséricorde ! je suis mort ! Lâchez-lui une femme au plus vite.

SCÈNE XVI.

ARLEQUIN, LE DOCTEUR, OCTAVE, ANGÉLIQUE.

ARLEQUIN présente Angélique à Octave.
Tenez, monsieur l'anthropophage, voilà de quoi rabattre vos fumées.
ANGÉLIQUE, apercevant le Docteur.
Le Docteur ! ah, ciel !
OCTAVE.
Astrador, ourda caristac. Que vois-je ! quel objet agréable se présente à ma vue ! Je me sens tranquille. (à Arlequin, montrant Angélique.) Qu'est-ce que cela ?
ARLEQUIN.
C'est une femme.

ACTE III, SCENE XVI.

OCTAVE.

Une femme! Et qu'est-ce que c'est qu'une femme?

ANGÉLIQUE.

Une femme, c'est une machine parlante, qui met tout l'univers en mouvement, et qui se meut par les ressorts de la tendresse.

ARLEQUIN.

Ce n'est pas là la définition d'une femme. Une femme est un petit animal doux et malin, moitié caprice et moitié raison; c'est un composé harmonique, où l'on trouve quelquefois bien des dissonances.

OCTAVE.

Je n'entends point cela.

ARLEQUIN.

La femme est un animal timide, et qui ne laisse pas de se faire craindre; il ne combat que pour être vaincu, et fait demander quartier en cessant de se défendre. Entendez-vous, à cette heure?

OCTAVE approche d'Angélique.

La jolie petite figure! plus je la regarde, et plus elle me fait de plaisir. (à Arlequin.) Dites-moi, je vous prie, à quoi cela est-il bon?

ARLEQUIN.

A tout. La femme est, dans la société, ce que le poivre concassé est dans les ragoûts. Veut-on rire, chanter, danser, boire, se marier, il faut des femmes; enfin, il entre de la femme partout où il y a des hommes.

LE DOCTEUR.

Vous avez fait la définition d'une femme ; je vais faire celle d'une fille. Une fille est un petit oiseau farouche, qu'il faut tenir en cage ; et voilà ce que je vais faire. (Il se saisit d'Angélique.)

OCTAVE, se jetant sur lui.

Chauriby masala cheriesi peristaq.

ARLEQUIN.

Miséricorde ! Relâchez-lui cette fille.

OCTAVE.

Je sens revenir ma tranquillité ; et si l'on me vouloit donner ce joli animal-là, je ne mangerois plus d'hommes, je vous assure ; je m'en tiendrois à ce mets-là pour toute ma vie.

ANGÉLIQUE.

Vous vous en lasseriez bientôt.

ARLEQUIN.

Il n'y en a point de plus friand ; mais il n'y en a point aussi qui rassasie plus vite. (au Docteur.) Monsieur le Docteur, donnez-lui ce qu'il vous demande.

LE DOCTEUR.

Que je donne Angélique à un mangeur de chair humaine !

ANGÉLIQUE.

Ne craignez rien ; et afin qu'il ne vous fasse point de mal, je veux toujours être auprès de lui.

LE DOCTEUR.

Comment, malheureuse !

ANGÉLIQUE.

Ne vous fâchez point, monsieur le Docteur; si vous me donnez à ce sauvage-là, il ne vous demandera jamais compte de mon bien.

LE DOCTEUR.

Il ne me demandera point de comptes? Qu'il l'emmène donc au pays d'anthropophagie, et que je n'en entende jamais parler.

ARLEQUIN.

Vous rendez un grand service au genre humain; car ce mangeur d'hommes-là ne songeoit qu'à le détruire, et il va s'occuper à le peupler. (Il chante.)

> Pour vous, monsieur le Sauvage,
> Qui faites tant le méchant,
> Quatre jours de mariage
> Vous rendront moins violent :
> Quand on voit un beau visage,
> On croit d'abord faire rage;
> Mais son approche nous rend
> Doux et souple comme un gant.

LE DOCTEUR.

Mais, monsieur l'empereur, donnez-moi donc une femme comme aux autres; car j'ai envie de me remarier.

ARLEQUIN.

Je crois effectivement que vous n'en avez que l'envie; car je vous crois trop vieux pour en avoir les forces. Allons, il faut vous faire deux plaisirs à la fois, vous marier et vous rajeunir.

LE DOCTEUR.

Me rajeunir?

ARLEQUIN.

Oui, vous rajeunir. Je m'en vais vous faire piler dans le mortier de mon apothicaire ; et trois jours après, vous en sortirez gai et gaillard, et aussi vigoureux que vous l'étiez à dix-huit ans. Qu'on fasse venir Caricaca, mon apothicaire.

SCÈNE XVII.

ARLEQUIN, LE DOCTEUR, ANGÉLIQUE, OCTAVE, CARICACA, apothicaire, un mortier sur la tête, dont un chat tient le pilon entre ses pates.

CARICACA.

Qu'est-ce qu'il y a, monsieur? De quoi s'agit-il?

ARLEQUIN.

De rajeunir monsieur que voilà. Faites-lui voir comme vous vous y prendrez.

CARICACA.

Tout à l'heure. Allons, hé! Gille, pilez. (Il chante.)

> Je suis un apothicaire
> Qui place bien un clystère,
> Laire la, laire lanla;
> N'est-il pas vrai, Caricaca?
> Pile Gille, Gille pile,
> Pilé-moi du quinquina;
> Pile donc, Caricaca.
> La femme de maître Gille,

Quelque jour on la croquera.
  Pile donc, Caricaca,
  Pile-moi du quinquina.

(*Le chat pile pendant que l'apothicaire chante.*)

SCÈNE XVIII.

ARLEQUIN, LE DOCTEUR.

ARLEQUIN.

Hé bien, monsieur, que dites-vous de mon apothicaire et de son garçon?

LE DOCTEUR.

Je dis que vous n'avez rien que de merveilleux.

ARLEQUIN.

Je m'en vais vous faire voir la femme que je vous destine. Faites avancer Charlotte.

LE DOCTEUR.

Monsieur, est-elle jolie?

ARLEQUIN.

C'est la meilleure et la plus jolie pièce de mon sac. Elle m'a servi long-temps de guenon, et j'espère que vous ferez de beaux singes ensemble. Elle sait chanter, elle sait danser. Vous allez voir.

SCÈNE XIX.

ARLEQUIN, LE DOCTEUR, une petite Fille en cage.

(Quatre Indiens apportent une cage, dans laquelle est une petite Fille qui chante ce qui suit.)

LA PETITE FILLE.

Vous qui vous moquez, par vos ris,
De ma figure en cage;
Parmi vous autres, beaux esprits,
Il s'en trouve, je gage,
Qui voudroient bien, au même prix,
Revenir à mon âge.

(Après qu'elle a chanté, elle sort de sa cage, et elle danse seule une entrée.)

VAUDEVILLE.

LA CHANTEUSE.

La Foire est un sérail fécond,
Qui peupleroit la France :
Force mariages s'y font
Sans contrat ni finance.
Messieurs, la Foire est sur le pont,
Venez en abondance.

ARLEQUIN.

Par quelque agréable chanson
Filouter l'auditoire,
Et lui couper bourse et cordon,

ACTE III, SCENE XIX.

Voilà notre grimoire ;
Car ici nous nous entendons
Comme larrons en Foire.

COLOMBINE.

Tel qui sa femme, tous les jours,
A la Foire accompagne,
Ne voit pas, en certains détours,
Les rivaux en campagne.
Un mari ne sait pas toujours
Les foires de Champagne.

LA CHANTEUSE, au Docteur.

Il faut que tout vieillard usé
Renonce au mariage.
Si vous en êtes entêté,
Prenez fille à cet âge ;
(Elle montre la petite Fille.)
Et pour plus grande sûreté,
Vous la mettrez en cage.

ARLEQUIN, au Parterre.

Messieurs, de bon cœur recevez
La pièce qu'on vous donne :
Demain nos vœux seront comblés,
Si votre argent foisonne.
Si les marchands sont assemblés,
La Foire sera bonne.

(Les couplets suivants ont été ajoutés à l'occasion d'une comédie qui fut donnée dans le même temps, et sous le même titre que celle-ci. Cette pièce, dont Dancourt est l'auteur, avoit été faite pour contrebalancer le succès de la pièce italienne.)

MEZZETIN.

Deux troupes de marchands forains
Vous vendent du comique ;

Mais si pour les Italiens
Votre bon goût s'explique,
Bientôt l'un de ces deux voisins
Fermera sa boutique.

ARLEQUIN.

Quoique le pauvre Italien
Ait eu plus d'une crise,
Les jaloux ne lui prennent rien
De votre chalandise.
Le Parterre se connoît bien
En bonne marchandise.

FIN DU TROISIÈME ACTE.

AVERTISSEMENT

DE L'ÉDITEUR

SUR LES DEUX SCÈNES QUI SUIVENT.

———

Les deux scènes que nous donnons n'appartiennent point à la comédie de *la Foire Saint-Germain*, mais y ont été seulement ajoutées à la représentation. Comme il est incertain que Regnard en soit l'auteur, nous les avions supprimées; mais nos lecteurs en ayant témoigné quelque regret, nous les leur restituons.

La première de ces scènes est intitulée *Scène des Carrosses*. Une anecdote du temps y a donné lieu. Deux femmes, chacune dans son carrosse, s'étant rencontrées dans une rue étroite, ne voulurent reculer ni l'une ni l'autre, et la rue fut ainsi embarrassée jusqu'à l'arrivée du commissaire, qui, pour les mettre d'accord, les fit reculer toutes les deux en même temps. Tel est le sujet de cette scène, qui est plaisamment dialoguée.

La seconde scène est intitulée *le Procureur en robe rouge*. Le sujet est plus comique, et l'anecdote qui y a donné lieu pouvoit fournir le sujet

d'une vraie comédie; la voici telle que la rapporte Ghérardi : « Certain procureur traitant d'une
« charge de greffier en chef, sur les espérances
« qu'on lui avoit données de lui faire trouver les
« sommes nécessaires pour cela, avoit déjà fait
« faire son portrait en robe rouge, et l'avoit en-
« voyé à une fille très riche qu'il recherchoit en
« mariage ; mais comme les bourses lui manquè-
« rent, et qu'il ne put plus acheter la charge, il
« ne voulut pas payer son portrait au peintre,
« disant qu'il l'avoit peint en greffier, et qu'il
« n'étoit que procureur. »

Au reste, ces scènes étoient si peu liées à l'action principale de la pièce, qu'on les ajoutoit tantôt à une pièce, tantôt à une autre.

SCÈNE DES CARROSSES.

ARLEQUIN et MEZZETIN, en femmes, chacune dans une petite vinaigrette; UN COMMISSAIRE qui survient.

PREMIER HOMME qui traîne une vinaigrette.

Reculez, vivant.

SECOND HOMME qui traîne une vinaigrette.

Recule, toi-même, hé!

PREMIER HOMME.

Holà! l'ami, hors du passage.

SECOND HOMME.

Hors du passage, toi-même.

MEZZETIN, à l'Homme qui le traîne.

Qu'est-ce donc, cocher? Est-ce que vos chevaux sont fourbus?

ARLEQUIN, à l'Homme qui le traîne.

Fouettez donc, maraud, fouettez donc. Avez-vous oublié mes allures?

PREMIER HOMME.

Madame, il y a un carrosse qui empêche de passer.

ARLEQUIN.

Un carrosse? Eh! marchez-lui sur le ventre, mon ami.

MEZZETIN, la tête à la portière.

Quelle est donc l'impertinente qui arrête mon équipage dans sa course?

ARLEQUIN, la tête hors la portière.

C'est moi, madame : je vous trouve bien ridicule de borner avec votre fiacre les rues où je dois passer!

MEZZETIN.

Fiacre vous-même! Notre famille n'a jamais été sans carrosse ni sans chevaux.

ARLEQUIN.

Ni sans bourriques, madame.

MEZZETIN.

Savez-vous bien qui je suis, ma petite mie?

ARLEQUIN.

Me connoissez-vous bien, ma petite mignonne?

MEZZETIN.

Apprenez, si vous ne le savez, que je suis la première cousine du premier clerc du premier huissier à verge au Châtelet de Paris.

ARLEQUIN.

Et moi, je suis la femme du premier marguillier du premier œuvre de la Villette.

MEZZETIN.

Quand vous seriez le diable, vous reculerez.

ARLEQUIN.

Que je recule? Reculez vous-même; on n'a jamais reculé dans notre famille.

MEZZETIN.

Oh bien, madame, je vous déclare que je ne recule point, et que je reste ici jusqu'à soleil couchant.

ARLEQUIN.

Et moi, j'y demeure jusqu'à lune levante.

MEZZETIN.

Je n'ai rien à faire; pourvu que j'arrive aux Tuileries entre chien et loup.

ARLEQUIN.

Ni moi non plus; pourvu que je sois demain au lever de monsieur le marquis de la Virgouleuse.

MEZZETIN.

Petit laquais, allez me chercher à dîner à la gargote, et faites apporter du foin pour mes chevaux.

ARLEQUIN.

Pour moi, je n'ai que faire d'envoyer rien chercher, je porte toujours sur moi tout ce qu'il me faut, et je ne marche jamais sans des vivres pour trois jours. Qu'on me donne ma cuisine.

(Un laquais lui aide à prendre une petite cuisine de fer-blanc, qui est faite comme un garde-manger, d'où Arlequin tire des assiettes, une salade, un poulet, des burettes pleines d'huile et de vinaigre, des fourchettes, des couteaux, des serviettes et autres ustensiles propres à garnir une table. Il pose tout cela sur le devant de la vinaigrette, et mange; et de temps en temps boit en saluant tantôt la dame sa voisine, et tantôt le parterre. Après plusieurs lazzis de cette nature, arrive le Commissaire.)

LE COMMISSAIRE.

Quelle cohue est-ce donc, mesdames? Voilà un embarras terrible! Un enterrement, un troupeau de bœufs, et deux charrettes de foin qui ne sauroient passer. Otez-vous de là, et au plus vite.

MEZZETIN, au Commissaire.

Oh bien, monsieur, je sécherai plutôt sur pied que d'en branler.

ARLEQUIN.

Pour moi, je n'en démarrerai pas, dussé-je arrêter la circulation de Paris. A votre santé, monsieur le Commissaire. (Il boit.)

MEZZETIN.

Je souffrirai bien, vraiment, qu'une sous-roturière insulte ma calèche en pleine rue!

ARLEQUIN.

Nous verrons si une arrière-bourgeoise me mangera la laine sur le dos!

LE COMMISSAIRE.

Il faut pourtant quelque accommodement à cela.

ARLEQUIN.

Qu'est-ce à dire, monsieur le praticien? Est-ce que vous me prenez pour une femme d'accommodement?

LE COMMISSAIRE.

Hé, madame! entrez mieux dans ce que je dis. Je dis qu'il faut vider ce différend, et sortir d'affaire.

ARLEQUIN.

Vider! mais voyez un peu quelle insolence! Oh! apprenez, monsieur le Commissaire, que je ne vide rien, moi; allez chercher vos videuses d'affaires ailleurs.

LE COMMISSAIRE.

Il faut pourtant que vous reculiez.

(Il se met entre les deux vinaigrettes, et les fait reculer toutes les deux en même temps.)

MEZZETIN.

Que je recule? Morbleu! cela ne sera pas vrai.

(Il saute sur le Commissaire.)

ARLEQUIN.

Que je recule? Parbleu! vous en aurez menti.

(Il saute sur le Commissaire qui s'esquive. Les deux femmes se prennent au collet, se décoiffent et s'en vont; ce qui finit la scène.)

SCÈNE DU PROCUREUR
EN ROBE ROUGE.

ANGÉLIQUE, COLOMBINE, ARLEQUIN, en procureur; UN PEINTRE, UN PRÊTEUR sur gages; UN LAQUAIS.

ANGÉLIQUE.

AH, Colombine! que me dis-tu? Quoi! monsieur Griffon que j'ai tant de fois rebuté est présentement avec mon père, et il lui parle de mariage!

COLOMBINE.

Il est trop vrai, madame; et le pis de l'affaire, c'est que votre père l'écoute, parce qu'il dit qu'il n'est plus procureur. Je l'ai vu entrer d'un air des plus magistrats : une perruque flottante, le rabat en cravate, les bras en zig-zag, une robe troussée jusqu'au quatrième bouton, dont un grand laquais portoit la queue *cum comento*; enfin avec tous les airs d'un petit maître de Palais.

ANGÉLIQUE.

Ah, ciel! je suis perdue si mon père l'écoute.

COLOMBINE.

Oui, c'est un terrible contre-temps; votre affaire étoit en bon train avec Octave. Mais ne désespérons encore de rien. Voici l'homme.

ARLEQUIN, en monsieur Griffon.

Tortille, tortille ma queue. Tortille, tortille, tortille.

LE LAQUAIS.

Mais, monsieur, c'est encore votre robe de procureur ; elle est trop courte de cinq quartiers.

ARLEQUIN.

Tortille, tortille.

LE LAQUAIS.

Mais, monsieur, je tortille tant que je puis.

ARLEQUIN.

Tortille, tortille encore ; il ne faut pas qu'elle soit plus grosse qu'une saucisse ; cela a l'air magistrat. (apercevant Angélique.) Ah, ma princesse ! (vers son laquais.) Étale, étale. (vers Angélique.) Vous voyez, ma princesse. (vers le laquais.) Étale ma queue, étale, étale. (vers Angélique.) Excusez, madame ; c'est que ce maraud-là n'est pas encore stylé à l'exercice de la robe. Vous voyez, charmante Angélique, un échappé de la chicane, que le désir de vous plaire a fait voler à un rang où il semble qu'un procureur n'eût jamais osé prétendre. Je vous pardonne, belle mignonne, dont je voudrois faire maintes expéditions, je vous pardonne tous les contredits que vous avez faits à ma passion. C'étoit trop peu pour vous qu'un procureur, quoiqu'il y ait des femmes de procureur qui, au sac d'or et au carreau près, le portent aussi haut que les plus huppées de la robe. Mais on peut dire, charmant tiret qui enfilez tous les rôles de mon amour, que quand on n'a pas ce que l'on aime, le diable emporte ce qu'on a.

COLOMBINE.

Comment, monsieur! vous pouvez donc donner le sac d'or et le carreau à madame votre épouse? Oh! pour cela, c'est un grand avantage d'avoir le droit de se laisser tomber de son haut sur les genoux, sans être en risque de se blesser.

ARLEQUIN.

Ce n'est rien que tout cela. J'ai le droit de porter la robe rouge.

ANGÉLIQUE et COLOMBINE, ensemble.

La robe rouge!

ARLEQUIN.

Ah! ma foi, c'est une jolie chose! Je n'avois jusqu'à présent connu que les plaisirs que causent les profits d'une bonne étude, mais les honneurs chatouillent le cœur de bien près. Mon marchand m'a apporté pour ma robe le plus beau drap écarlate rouge qu'on ait jamais vu : c'est du même que sont habillés les mousquetaires gris et noirs.

COLOMBINE.

Mais, monsieur, êtes-vous déjà en possession de votre charge?

ARLEQUIN.

Non pas tout-à-fait : il y manque encore quelques petites formalités qu'il faut terminer; mais comme tous les plaisirs ne sont que dans la jouissance, je les prends toujours par *interim*. Et, à vous dire le vrai, je ne me fais encore porter la queue que chez mes bons amis et dans les rues détournées. J'ai aussi fait faire par avance mon portrait, que je ferai graver au burin au premier jour.

COLOMBINE.

Comment ! monsieur Griffon gravé au burin ! Savez-vous bien qu'il n'y a que les hommes illustres qui se fassent graver ?

ARLEQUIN.

Oh ! je ne serai pas le premier greffier qui se soit fait graver en robe magistrale ; et d'un bon original, on ne peut trop multiplier les copies. Savez-vous comment j'y suis représenté ? En robe rouge, ma princesse, en robe rouge. Ma foi, on a beau avoir du mérite, il faut pour l'indiquer mettre une enseigne à sa porte.

COLOMBINE.

Monsieur Griffon, les emplois sont justement comme ces lierres qui ruinent souvent les murailles qu'ils parent.

ARLEQUIN.

J'ai du crédit, ma bonne, j'ai du crédit ; et un procureur adroit qui exerce une charge de greffier a de grandes ressources. Voulez-vous voir mon portrait ?

ANGÉLIQUE.

L'avez-vous ici ?

ARLEQUIN.

Je fais toujours venir mon peintre avec moi ; car,

comme j'y suis peint *in magistralibus,* je suis bien
aise de le faire voir à tout le monde pour en avoir
leur avis. Entrez, monsieur le peintre. Vous allez
voir un portrait achevé ; il me ressemble parfaitement.

(Le Peintre expose le portrait en vue.)

ARLEQUIN, vers Angélique.

Hé bien, madame, que vous semble de la robe?

LE PEINTRE.

Monsieur, je l'ai fait voir à toutes les personnes
chez qui vous m'avez envoyé, et il n'y a personne
qui n'ait dit qu'il n'y manquoit que la parole, et que
ce n'étoit pas ce qui en étoit le plus mauvais. On
vous a, à cela près, fort bien reconnu.

ARLEQUIN.

Avec cette robe? Mais cela est admirable, que
cette affaire-là ait déjà fait un si grand bruit dans le
monde ! Elle me fera honneur. Oh! ma foi, il faut
avouer que cela distingue bien un homme.

ANGÉLIQUE.

Il me semble que vous êtes peint un peu trop
jeune.

ARLEQUIN.

Point, point, ma princesse; c'est la robe rouge
qui le fait paroître : ce n'est pas que depuis que je
suis à traiter de cette affaire je me sens rajeuni de
plus de dix ans.

COLOMBINE.

Il me semble aussi que vous avez les yeux plus

petits et plus éraillés, le nez plus épaté, le menton plus long, la bouche plus ouverte, et tout le visage un peu plus baroque que votre portrait.

ARLEQUIN.

C'est ce diable d'habit noir qui fait cela ; et quoique ma charge me revienne à trois cent mille livres, je donnerois volontiers cent mille francs davantage, si je pouvois avoir le reste de l'équipage aussi rouge que la robe. Mais, monsieur le Peintre, vous avez mis du noir à ma robe rouge ?

LE PEINTRE.

C'est l'ombre, monsieur.

ARLEQUIN.

C'est tout ce qu'il vous plaira, il faudra l'ôter. Je ne veux point de noir, je ne veux que du rouge.

LE PEINTRE.

Mais, monsieur, permettez-moi de vous dire que ce qui est de relief doit être dans sa couleur naturelle, et que ce qui est dans le fond doit être obscurci par l'ombre. Ce sont là les principes.

ARLEQUIN.

Oh! monsieur, les principes en ont menti, et il ne sera pas dit que je serai magistrat dans le relief, et procureur dans le fond. Il ne faudroit pour l'achever que lui mettre sur les bras trois ou quatre sacs à procès ; tout le monde diroit : Voilà monsieur Griffon, le procureur, qui va au Châtelet obtenir une sentence par défaut. Je veux me distinguer, entendez-vous, monsieur le Peintre ? ainsi ôtez-moi tout ce noir-là, et m'y mettez du rouge, et bien rouge.

LE PEINTRE.

Mais, monsieur, la peinture....

ARLEQUIN.

Oh! monsieur, la peinture, la peinture.... Mais cet homme-là me feroit perdre l'esprit. C'est que vous autres vous n'entrez point dans toutes les beautés d'une robe rouge, et afin que vous le sachiez, il n'y a rien de si beau que le rouge, car le rouge est une couleur.... Enfin, rien ne distingue tant que le rouge; et quand on peut avoir du rouge, il faut être du dernier fou pour ne pas prendre du rouge.

GRAPILLE, entrant, bas, à M. Griffon.

Monsieur, j'ai trouvé monsieur Grippe-sou; il dit comme cela que votre affaire est rompue, et que les bourses sur lesquelles il avoit compté lui ont manqué de parole.

ARLEQUIN.

Cet homme vient ici bien mal à propos. (Il le tire à quartier.) Mais, monsieur Grapille, d'où vient donc ce changement? Ne leur a-t-on pas fait entendre que je prendrois les précautions pour leur en faire une constitution sur le pied que les gens d'affaires font leurs billets?

GRAPILLE.

Oui, monsieur; mais ils disent qu'il n'y a plus de sûreté pour l'emploi.

ARLEQUIN.

Il n'y a plus de sûreté pour l'emploi! sur une charge de greffier qui est entre les mains d'un procureur, d'un procureur qui hypothèque les gages de sa charge, et même le tour du bâton qu'il prétend faire valoir à cent pour cinq!

GRAPILLE.

Cependant ils n'en ont voulu rien faire. Il leur a même fait entendre, quoique sans fondement (mais c'étoit pour les résoudre plus tôt), que vous étiez sans quartier, inflexible, sans pitié, et il leur a même promis que vous seriez sans justice.

ARLEQUIN.

Et avec tout cela?

GRAPILLE.

Ils n'en ont voulu rien faire.

ARLEQUIN.

Les marauds! ils veulent me tenir le pied sur la gorge, mais je leur ferai bien connoître.... Serviteur, mesdames. (Il veut s'en aller.)

LE PEINTRE.

Et votre portrait, monsieur?

ARLEQUIN.

J'ai autre chose en tête présentement que mon portrait. Adieu.

LE PEINTRE.

Comment, monsieur! Je prétends que vous me payiez. Le portrait vaut trente pistoles en robe rouge; c'est un prix fait.

ARLEQUIN.

Je n'ai plus besoin de la robe rouge; je n'ai plus la charge, et je ne regarde plus cela comme mon portrait.

GRAPILLE.

Pourquoi, monsieur? il vous ressemble si bien! faites-y mettre une robe noire.

LE PEINTRE.

Cela ne se pourroit pas; la tête est faite pour une robe rouge, et il faudroit refaire un autre portrait.

ARLEQUIN.

Hé bien, gardez votre portrait, je n'en ai que faire. Quand une paire de souliers ne m'accommode pas, je la laisse au cordonnier, et il la vend à un autre.

LE PEINTRE.

Il n'en est pas de même d'un portrait, monsieur. Tous les visages ne se ressemblent pas; et d'ailleurs procureur en robe rouge n'est pas de défaite, et il me faut de l'argent.

ARLEQUIN.

De l'argent! de l'argent! Mais voyez donc cet impertinent! Traiter ainsi un homme qui a pensé être de qualité! Savez-vous bien, mon petit ami, que si je prends mon écritoire....

LE PEINTRE.

Savez-vous bien, monsieur le procureur, que je veux être payé, et en justice même?

ARLEQUIN.

Oui-dà, en justice! c'est où je t'attends, en justice.

LE PEINTRE.

Oui, morbleu! nous plaiderons, et je ferai voir à l'audience un procureur en robe rouge.

(Il se jette sur Arlequin, lui prend sa perruque et s'enfuit.)

ARLEQUIN.

Ah, coquin! je te ferai manger tes couleurs, ta toile, ta palette, tes pinceaux. (à son laquais.) Tortille, tortille, mon ami, vite.... Ton chevalet, tes....

(Il s'en va, et finit la scène.)

FIN DE LA FOIRE SAINT-GERMAIN.

LA SUITE

DE LA

FOIRE SAINT-GERMAIN,

OU

LES MOMIES D'ÉGYPTE,

COMÉDIE EN UN ACTE,

Représentée pour la première fois le 19 mars 1696.

AVERTISSEMENT

DE L'ÉDITEUR

SUR LA

SUITE DE LA FOIRE SAINT-GERMAIN.

Cette pièce est une continuation de *la Foire Saint-Germain*, et n'a dû sa naissance qu'au succès de la première ; l'intrigue cependant en est différente, quoique le lieu de la scène et les deux principaux acteurs soient les mêmes : elle a été représentée pour la première fois le 19 mars 1696.

Arlequin et Colombine, intrigants, trompent un procureur et sa femme. Arlequin se fait passer, auprès de la femme, pour un gentilhomme auvergnat sous le nom du *baron de Groupignac;* et Colombine joue, auprès du mari, le rôle d'une fille de qualité, sous le nom de *Léonore*. Après avoir tiré de leurs dupes tout ce qu'ils ont pu, ils finissent par se moquer d'eux.

La scène de Marc-Antoine et Cléopâtre, qui a donné le nom à la pièce, ne nous paroît nullement liée à l'intrigue principale ; et c'est encore une scène dans le genre de la tragédie burlesque.

Les auteurs des spectacles forains ont souvent

cherché à s'approprier des scènes entières de l'ancien Théâtre italien. Fuselier a mis cette pièce-ci sur le théâtre de l'Opéra-Comique, sous le titre du *Bois de Boulogne*, représentée le 8 octobre 1726. L'extrait de la pièce, et quelques scènes que nous allons copier, feront juger du parti que Fuselier a tiré de la comédie de Regnard.

Argentine, aventurière, est aimée d'Arlequin : celui-ci la rencontre au bois de Boulogne, et lui apprend qu'il joue le personnage d'un homme de qualité auprès de madame Orgon, femme d'un riche financier. Argentine, de son côté, lui dit qu'elle a un rendez-vous avec M. Orgon dans une allée du bois de Boulogne. Madame Orgon arrive ; Argentine se retire, et Arlequin lui fait sa cour sous le nom du *baron de Groupignac*. Après les premiers compliments, madame Orgon dit tendrement à son amant :

Air : *Tu n'as pas le pouvoir.*

Vous faites donc un peu de cas
De mes petits appas? (*bis.*)

ARLEQUIN.

Madame, changez de propos ;
Car vos appas sont gros. (*bis.*)

Mme ORGON.

Air : *Attendez-moi sous l'orme.*

Est-il taille mieux prise?
Est-il un port plus beau?

ARLEQUIN.

Madame, je méprise

Les tailles de fuseau.
J'aimois à la folie
Un cheval bas-breton;
De sa taille arrondie
Voilà l'échantillon.

Air : *Que j'estime mon cher voisin!*

De la rondeur de votre bras
Mon âme est enchantée.

Mme ORGON.

Les connoisseurs ne trouvent pas
Ma jambe mal tournée.

ARLEQUIN.

Air : *Dieu bénisse la besogne.*

Sans doute, et mes sens sont ravis
De voir de si beaux pilotis;
On les prendroit presque, ma reine,
Pour ceux de la Samaritaine.[1]

Orgon, tenant Argentine par le bras, vient interrompre mal à propos ce délicat entretien. Le mari et la femme se reconnoissent et se querellent; mais celle-ci, pour mieux braver son époux, fait, en sa présence, des dons considérables au prétendu baron : Orgon s'en venge par des dons plus considérables à Argentine.

On voit, par cet extrait, que c'est la pièce même de Regnard que Fuselier a mise en vaudevilles; mais les plaisanteries de notre poète ont perdu toute leur gaîté dans les mains de Fuselier; aussi son opéra-comique n'a-t-il eu aucun succès.

[1] *Voyez* ci-après, scène IV, pages 286 et suiv.

PERSONNAGES.

ARLEQUIN, intrigant, sous le nom du baron de Groupignac.
COLOMBINE, intrigante, sous le nom de Léonore.
M. JACQUEMARD, procureur. *Le Docteur.*
Mme JACQUEMARD. *Mezzetin.*
L'ÉPINE. *Scaramouche.*
OSIRIS, dieu des Égyptiens. *Scaramouche.*
UNE SIBYLLE. *La Chanteuse.*
UN LIMONADIER. *Pierrot.*
Plusieurs Garçons limonadiers, et autres Personnages muets.

La scène est dans une boutique de la Foire Saint-Germain.

LA SUITE

DE LA

FOIRE SAINT-GERMAIN,

COMÉDIE.

SCÈNE I.

ARLEQUIN, COLOMBINE.

ARLEQUIN, à part.

Alessandro magno, quel gran filosofo, aveva ragione di dire, che l'amore d'una dona est un sable mouvant, sur lequel on ne peut bâtir que des châteaux en Espagne.

COLOMBINE, à part.

Lucrezia Romana, di castissima memoria, aveva costume di dire, ch' il cuore d'un uomo étoit bien trigaud, et qu'il ne s'y falloit non plus fier qu'à un almanach.

ARLEQUIN.

La dona est une girouette d'inconstance ; un moulin à vent de légèreté ; une belle de nuit, qui n'est bonne que du soir au matin.

COLOMBINE.

L'amor d'un uomo est un petit brouillard d'été, qui se dissipe avec le soleil ; un coq sur un clocher, qui tourne au moindre petit zéphyr.

ARLEQUIN, apercevant Colombine.

Ecco la belle de nuit inconstante, qui me fait tant pester contre le genre féminin.

COLOMBINE, apercevant Arlequin.

Ecco le petit brouillard d'été, qui me fait haïr les hommes comme des mahométans.

(Ils passent fièrement et se rencontrent nez à nez.)

ARLEQUIN.

Mademoiselle, rangez-vous de mon chemin, s'il vous plaît.

COLOMBINE.

Avec votre permission, monsieur, n'embarrassez pas le passage.

ARLEQUIN.

Une ingrate comme vous ne sera jamais un remora capable d'arrêter un vaisseau comme le mien, qui cingle à pleines voiles sur l'océan des bonnes fortunes.

COLOMBINE.

Un perfide comme vous ne sera jamais une ornière capable de m'empêcher de rouler dans le grand chemin des prospérités. Quand une fille a quelque savoir-faire, elle ne manque pas d'adorateurs.

SCENE I.

ARLEQUIN.

Quand un homme est tourné d'une certaine manière, il ne manque point d'adoratrices.

COLOMBINE.

J'ai refusé d'être premier commis chez un commis de la douane, qui m'auroit fait bien des gracieusetés, et où j'aurois tenu la caisse.

ARLEQUIN.

Il ne tient qu'à moi d'être gouverneur des filles d'honneur d'une honnête dame qui demeure dans la rue Froidmanteau.

COLOMBINE.

Je passe sous silence les avances que me fait un procureur moderne, qui me signifie tous les jours quelque avenir amoureux, et qui veut m'associer à sa pratique.

ARLEQUIN.

Je ne fais point mention d'une ancienne procureuse qui me donne toujours quelque exploit galant, et qui m'a accordé la préférence sur quatre grands clercs.

COLOMBINE, d'un ton adouci.

Peut-on savoir le nom de votre ancienne procureuse?

ARLEQUIN, du même ton.

Peut-on apprendre comment s'appelle votre procureur moderne?

COLOMBINE.

Si vous n'étiez pas un petit indiscret....

ARLEQUIN.

Si vous n'étiez pas une grande babillarde....

COLOMBINE.

Io vi direi que c'est monsieur Jacquemard.

ARLEQUIN.

Io vi direi que c'est madame Jacquemard.

COLOMBINE.

Madame Jacquemard ! *E possibile ? Ah, caro Arlicchino !* Nous négocions l'un et l'autre dans la même boutique.

ARLEQUIN.

Ah, carissima Colombina! embrassez-moi. Nous travaillons tous deux dans le même atelier.

COLOMBINE.

J'ai fait croire à M. Jacquemard que je suis une fille de qualité de province, nommée Léonore, et que je suis à Paris pour solliciter un procès.

ARLEQUIN.

Et moi je me suis introduit auprès de la procureuse, sous le nom de baron de Groupignac, *e che sono venuto à Parigi per sollecitar un dono.*

COLOMBINE.

Quel est-il ce don ?

ARLEQUIN.

C'est de pouvoir seul avoir des haras de mulets dans les montagnes d'Auvergne.

COLOMBINE.

Il faut de cette affaire, faire notre fortune. Tu sais que notre mariage n'est retardé que par notre indigence : il faut que nous plumions ces oisons. J'assigne dès à présent ma dot sur les malversations du procureur.

ARLEQUIN.

Et moi, ton douaire sur les malversations de la procureuse. L'Épine est dans mes intérêts.

COLOMBINE.

Il est aussi dans les miens, et son secours ne nous sera pas inutile.

SCÈNE II.

COLOMBINE, ARLEQUIN, L'ÉPINE.

COLOMBINE.

Mais le voici.

L'ÉPINE.

Je vous trouve à propos : vos affaires sont en bon train. (à Colombine.) Votre procureur ne manquera pas de se trouver tantôt dans ma boutique, pour voir mes momies, où il vous prépare une collation magnifique. (à Arlequin.) Et pour la procureuse, je l'attends ici, et je vais faire en sorte de la faire trouver aussi chez moi.

ARLEQUIN.

Tant mieux. Si les parties sont assemblées, nous plaiderons contradictoirement.

L'ÉPINE.

Dès qu'ils seront tous dans ma boutique, je vous

dirai ce qu'il faudra que vous fassiez. (à Colombine.) En attendant, Colombine, il faut que tu te déguises en Égyptienne : je te cacherai dans ma boutique, et.... (Il lui parle à l'oreille.) Mais allez-vous-en ; voici madame Jacquemard qui vient.

SCÈNE III.

L'ÉPINE, Mme JACQUEMARD, vêtue d'un brocart d'or sur un fond écarlate, et chargée de beaucoup de rubans.

L'ÉPINE.

Serviteur à madame Jacquemard. Que vous êtes brillamment et élégamment mise ! quel bel habit !

Mme JACQUEMARD.

Vous voyez, monsieur de l'Épine ; c'est un petit déshabillé à bonnes fortunes, que je me suis donné exprès pour venir à la Foire.

L'ÉPINE.

Ah, madame ! vous êtes si belle que vous n'avez pas besoin de toutes ces parures-là pour plaire.

Mme JACQUEMARD.

On a beau être jeune, mignonne, pouponne, ces fripons d'hommes sont si intéressés, qu'à moins qu'ils ne voient briller l'or dessus et dessous, ils s'imaginent qu'une femme est un garde-magasin, et ils veulent l'avoir pour moitié de ce qu'elle vaut.

L'ÉPINE.

Il est vrai qu'on aime assez l'étalage ; et dans les

boutiques bien parées, on y vend une fois plus cher qu'ailleurs.

Mme JACQUEMARD.

On attrape assez l'air de qualité, comme vous voyez. Mon mari ne sait pas que j'ai ce petit déshabillé-ci. C'est le surtout des menus plaisirs : il est déjà tout fripé.

L'ÉPINE.

Mais si votre mari vous trouve avec cet ajustement, il pourra bien jeter l'habit par les fenêtres, sans songer que vous seriez dedans.

Mme JACQUEMARD.

Oh! je ne crains rien.

L'ÉPINE.

Il faudra, madame, que vous veniez voir mes momies d'Égypte. Elles sont très rares ; et monsieur le baron de Groupignac m'a promis qu'il s'y trouveroit : je sais qu'il ne vous est pas indifférent.

Mme JACQUEMARD.

Je n'ai rien de caché pour monsieur de l'Épine ; je connois sa discrétion, et je lui avouerai que je me sens si frappée de ce monsieur de Groupignac, que si mon bâtier de mari étoit mort, je n'en ferois pas à deux fois ; et je l'épouserois d'abord en lui donnant tout mon bien.

L'ÉPINE.

Vous ne sauriez mieux faire ; c'est un homme d'un vrai mérite. J'ai une Égyptienne dans ma boutique, qui pourroit bien deviner le temps que vous l'épouserez. Mais je crois que je l'entends. Madame, je vous laisse pour me rendre chez moi. Si l'Égyptienne vous tente, venez-y, et je vous promets que je vous ferai parler à elle en toute sûreté. Serviteur.

Mme JACQUEMARD.

Je vous réponds que j'irai dans un moment chez vous.

SCÈNE IV.

Mme JACQUEMARD, ARLEQUIN,
en baron de Groupignac.

ARLEQUIN, vers la cantonade.

Hola, quelqu'un! Basque, Champagne, la Fleur, Poitevin, Coupejarret! Laquais *major*, autrement mon secrétaire, j'ai laissé sur mon bureau vingt ou trente billets doux; allez les ouvrir, et y faites réponse; mais d'un style tigre et cruel : j'ai d'autres amours en tête. Laquais *minor*, allez dire à cette veuve que je n'irai point la voir qu'elle n'ait reçu ce remboursement. Laquais *minimus*, vous irez chez la vieille baronne de Trancot, savoir si son visage est pleinement rentré des crevasses de la petite-vérole. Mon suisse, venez çà : vous dont le bras est aguerri à soutenir l'assaut des créanciers, redoublez de force aujourd'hui, et repoussez vigoureusement toutes les femmes qui viendront m'assiéger. (à madame Jacquemard.) Ah, madame! vous voilà?

SCENE IV.

Que de beautés ! que d'appas ! quelle fourmillière de charmes ! Que ces yeux, ce nez, ces dents, ce teint, que tout cela est bien travaillé ! Avez-vous acheté cela tout fait ?

Mme JACQUEMARD.

Ah, monsieur ! je n'achète point de charmes ; la nature y a assez pourvu : je suis toute naturelle, moi.

ARLEQUIN.

Que cela est artistement élabouré ! Je me donne au diable, si je n'aimerois pas mieux avoir fait ce visage-là que la machine de Marly.

Mme JACQUEMARD.

On seroit bien heureuse, monsieur le baron, si l'on pouvoit, auprès de vous, mettre à profit ses petits appas.

ARLEQUIN.

Petits appas, madame ! Ah, ciel ! quelle hérésie ! voilà les plus gros que j'aie vus de ma vie. Vous me charmez, vous m'enchantez, vous m'enlevez, vous m'enthousiasmez. Non, je n'y saurois tenir ; il faut que je vous embrasse.

(Il veut l'embrasser, et la remplit de poudre.)

Mme JACQUEMARD.

Ah, petit séducteur ! vous ne cherchez qu'à me jeter de la poudre aux yeux ! Ah, ah ! (Elle minaude.)

ARLEQUIN.

L'éclat de vos charmes m'éblouit bien davantage,

beau soleil de mon âme! plus je vous vois, plus je vous trouve adorable. M'aimez-vous?

Mme JACQUEMARD.

Ah! fi donc, aimer! je m'évanouis quand j'entends seulement prononcer le mot d'amour; mais on auroit quelques bontés pour vous, si vous n'étiez pas si dissipé.

ARLEQUIN.

Il faut bien qu'un homme de qualité remplisse ses devoirs. On se lève tard. Avant qu'on ait écarté des créanciers, fait quelques affaires avec les usuriers, qu'on se soit montré dans les lansquenets, on est tout étonné que la nuit est bien avancée, et qu'il faut aller rosser le guet.

Mme JACQUEMARD.

Vous êtes, à ce qu'il me paroît, fort régulier à vos exercices.

ARLEQUIN.

Pour me rendre plus assidu auprès de vous, je me suis un peu relâché cette semaine; et voilà déjà cinq hommes qu'on a tués, où je n'ai aucune part. Mais que ne fait-on pas pour vous? Que vous êtes ensorcelante! (Il lui baise la main.)

Mme JACQUEMARD.

Fi donc, fi donc, monsieur le baron!

ARLEQUIN.

Où est donc ce diamant que vous mettez d'ordinaire à votre petit doigt, et qui me va si bien au pouce?

SCENE IV.

Mme JACQUEMARD.

Je vous l'apporterai tantôt.

ARLEQUIN.

N'y manquez donc pas. Que vous parlez élégamment, ma princesse! En vérité, je ne vois personne qui ait une tournure d'esprit aussi arrondie. Le diable m'emporte, vous l'avez comme le corps.

Mme JACQUEMARD.

Tout de bon? Me trouvez-vous de votre goût? Mon tailleur dit qu'il y a de l'honneur à m'habiller. Je ne suis pas des plus menues; mais, si vous y prenez garde, je suis assez bien prise dans ma taille.

ARLEQUIN.

Vous êtes à charmer. Fi! je n'aime pas ces grandes tailles de fuseau, qui sont toujours prêtes à rompre. Je veux, morbleu! des tailles épaisses et renforcées, comme la vôtre. J'ai eu autrefois un roussin breton, qui étoit le meilleur animal qui fut jamais: il avoit la côte tournée comme vous. Je crois que vous avez la jambe d'un beau volume! souffrez que j'en voie un échantillon.

Mme JACQUEMARD.

Fi donc! arrêtez-vous, petit entreprenant. Sans vanité, je ne l'ai pas mal tournée.

(Elle lui fait voir un peu sa jambe.)

ARLEQUIN.

Le joli petit balustre! Ah, madame! votre beauté durera long-temps; elle est bâtie sur pilotis.

(Il veut lui toucher la jambe.)

Mme JACQUEMARD.

Tout beau, tout beau, monsieur! un peu de modestie.

ARLEQUIN.

Oh! plus que vous ne voudrez. Vos jambes sont les colonnes d'Hercule : c'est pour moi le *non plus ultrà*.

Mme JACQUEMARD.

Je vous laisse, et vais de ce pas aux momies, consulter une Égyptienne sur la mort de mon mari, et notre futur mariage. Adieu, petit Hercule.

ARLEQUIN.

Adieu, charmante colonne qui soutient l'architrave de mon amour.

SCÈNE V.

ARLEQUIN, seul.

Il me semble que la procureuse ne donne pas mal dans le panneau. Allons nous déguiser, pour l'attraper elle et son mari, et la faire venir à nos fins.

SCÈNE VI.

Le théâtre change, et représente une ruine; on voit dans l'enfoncement des pyramides et des tombeaux, entre autres ceux de Marc-Antoine et de Cléopâtre.

(Osiris paroît au milieu de ces tombeaux, frappe de sa baguette une Sibylle qui étoit couchée au pied d'une pyramide; la Sibylle se lève, avance sur le bord du théâtre et chante.)

OSIRIS, LA SIBYLLE.

LA SIBYLLE chante.

Sous ces beaux monuments d'éternelle mémoire,
Je ranime la cendre, et trouble le repos
    De ces rois et de ces héros
Qui jadis, dans l'Égypte, ont signalé leur gloire.
  Je garde aussi, sous ces tombeaux fameux,
    Les mânes précieux
    De ces femmes charmantes,
  Qui firent, jusque dans les cieux,
    Élever ces masses pesantes,
  Et, par des histoires brillantes,
Signalèrent leur nom dans l'empire amoureux.

(On joue une ritournelle gaie, et la Sibylle continue de chanter.)

   Si, dans ces lieux, toutes les belles
    Qui ne sont pas cruelles,
  Pour immortaliser leur sort,
Laissoient de quoi bâtir, après leur mort,
   Des monuments aussi solides,
   On verroit bien des pyramides.

SCÈNE VII.

OSIRIS, Mme JACQUEMARD, LA SIBYLLE.

Mme JACQUEMARD.

Monsieur, n'est-ce point vous qui montrez les momies?

OSIRIS.

Je suis Osiris, le dieu de l'Égypte.

Mme JACQUEMARD.

Puisque vous êtes le dieu de l'Égypte, ne pourriez-vous point me faire parler à quelqu'une de vos Égyptiennes, pour lui demander son avis sur une petite affaire?

OSIRIS.

Volontiers. Je veux, en votre faveur, rappeler à la lumière une des plus illustres.

(Il frappe de sa baguette une pyramide ; Colombine sort.)

SCÈNE VIII.

OSIRIS, Mme JACQUEMARD, COLOMBINE, en Égyptienne, LA SIBYLLE.

Mme JACQUEMARD.

On m'a dit, madame, que vous étiez une Bohémienne fort habile dans votre métier, et que vous deviniez à merveille.

SCENE VIII. 293

COLOMBINE.

On vous a dit vrai : il y a plus de six mille ans que nous devinons dans notre famille, de père en fils. Je suis la première femme du monde pour crocheter les cadenas de l'avenir. En voyant votre taille et votre moustache, je devine que vous êtes menacée d'une longue stérilité.

Mme JACQUEMARD.

M. Jacquemard, mon mari, ne se plaint point de moi. Je l'ai fait père de dix-huit Jacquemardeaux, tous portant barbe.

COLOMBINE.

J'ai deviné qu'au printemps prochain plusieurs femmes paieroient aux officiers leur quote part des frais de la campagne, pour éviter les exécutions militaires.

Mme JACQUEMARD.

Je le crois bien; mais....

COLOMBINE.

J'ai deviné qu'au renouveau le sang des procureuses seroit terriblement pétillant, et que, si elles jouoient au lansquenet, leurs maris seroient les premiers pris.

Mme JACQUEMARD.

Madame, je suis procureuse, et....

COLOMBINE.

En voyant une sultane d'opéra troquer ses diamants bâtards contre des légitimes, j'ai deviné qu'elle avoit fait de furieuses exactions sur quelque gros bacha sous-fermier.

Mme JACQUEMARD.

D'accord; mais vous saurez....

COLOMBINE.

En voyant deux Gascons entrer au cabaret, j'ai deviné que ce seroit le cabaretier qui paieroit l'écot.

J'ai deviné qu'à la Saint-Martin, tout homme de robe et tout abbé feroient suspension d'armes; mais qu'au départ des officiers on verroit écrit, en lettres d'or, sur la porte des coquettes : *Cedant arma togæ.*

Mme JACQUEMARD.

Il n'est pas question de cela.

COLOMBINE.

J'ai deviné que les bals de cette année seroient dangereux, et que les hommes seroient si bien masqués, que mainte femme y prendroit quelque aventurier pour son mari.

J'ai deviné que beaucoup de mères coquettes, voyant chaque jour leur visage menacer ruine, tâcheroient de faire recevoir leurs filles en survivance.

Mme JACQUEMARD.

Je n'ai que deux mots.

COLOMBINE.

J'ai deviné qu'il y auroit cet été, aux Tuileries, plus de nymphes bocagères que de faunes et de chèvre-pieds, et que les Apollons de ce pays-là ne trouveroient point de Daphné assez cruelle pour se laisser métamorphoser en laurier. En voyant tant de galanteries mercenaires, j'ai deviné que l'amour étoit devenu courtier de change, et que les cœurs se négocioient à présent de place en place.

Mme JACQUEMARD.

Mais laissez-moi donc parler.

COLOMBINE.

J'ai deviné, en voyant un milord de la rue des Bourdonnois, qui avoit perdu son argent contre une jolie femme, qu'il ne seroit pas long-temps à se racquitter.

J'ai deviné que les carrosses de deux bourgeoises de qualité se rencontreroient tête à tête dans une petite rue, et qu'après avoir fait repaître leurs personnes et leurs chevaux, on en feroit une scène lucrative à l'hôtel de Bourgogne.[1]

Mme JACQUEMARD.

Vous avez deviné juste; mais....

COLOMBINE.

J'ai deviné qu'il y auroit cette année bien des filoux qui voudroient changer d'état; bien des maris qui voudroient porter le deuil de leurs femmes, et encore plus de femmes qui postuleroient des emplois de veuve.

Mme JACQUEMARD.

Ah! voilà la question, madame.

[1] *Voyez* la première scène ajoutée à la fin de *la Foire Saint-Germain*.

COLOMBINE.

Comment ! est-ce que vous voudriez que votre mari fût mort ?

Mme JACQUEMARD.

Non, pas tout-à-fait ; mais je voudrois savoir si je serai mariée en secondes noces.

COLOMBINE.

Donnez-moi votre main. Diantre ! voilà une main bien nuptiale. Vous avez bien des soupirants ; entre autres, un certain baron de Grou....

Mme JACQUEMARD.

Groupignac, n'est-ce pas ?

COLOMBINE.

Groupignac, oui ; un échappé des montagnes de l'Auvergne. Il vous a terriblement égratigné le cœur.

Mme JACQUEMARD.

Cela est vrai. (à part.) Comme elle devine cela ! (haut.) Il m'a promis de m'épouser aussitôt que la place seroit vacante. Mais, vous le savez, les barons d'aujourd'hui sont si inconstants !

COLOMBINE, à part.

Et les madames Jacquemard si laides !

Mme JACQUEMARD.

Dites-moi un peu ce qu'il faudroit faire pour le fixer dans le goût de me tenir un jour sa parole.

COLOMBINE.

Avez-vous des bijoux, des diamants, de l'argent comptant ?

SCENE VIII.

Mme JACQUEMARD.

Oh! oui : je suis très bien nippée et très riche.

COLOMBINE.

Hé bien, écoutez la Sibylle : elle va vous dire ce qu'il faudra faire.

LA SIBYLLE chante.

Quand on a passé sa jeunesse,
On achète bien cher les fruits de la tendresse.
Il ne faut pas qu'une vieille prétende
Faire l'amour à communs frais ;
Et trop heureuse encor que son argent lui rende
Ce que l'âge sur elle a moissonné d'attraits !

SCÈNE IX.

OSIRIS, Mme JACQUEMARD, M. JACQUEMARD, LA SIBYLLE.

M. JACQUEMARD, apercevant sa femme.

QUE faites-vous donc ici, madame?

Mme JACQUEMARD.

Qu'y faites-vous, vous? Que je suis malheureuse! Est-ce que je rencontrerai toujours ce petit brutal-là en mon chemin?

M. JACQUEMARD.

Est-ce que vous venez à la Foire pour y donner la comédie? Quel habit de folle avez-vous donc là? est-ce l'habit d'une procureuse?

Mme JACQUEMARD.

Procureuse, moi? Apprenez, mon ami, que je

suis la femme d'un procureur, mais que je ne suis point procureuse, et que je puis porter l'or et l'argent à meilleur titre que de vieilles comtesses qui doivent encore leur habit de noce.

M. JACQUEMARD.

Il n'y a pas un de ces diamants-là qui ne m'ait coûté un procès, et peut-être une fausseté.

Mme JACQUEMARD.

Je serois bien malheureuse d'être lardée de faussetés depuis les pieds jusqu'à la tête ! Mais, monsieur, consolez-vous, ces diamants-là ne vous coûtent rien.

M. JACQUEMARD.

Ils ne vous coûtent pas grand'chose non plus.

Mme JACQUEMARD.

Comment ! que voulez-vous dire ? Ils ne me coûtent pas grand'chose ! Je veux bien que vous sachiez que je n'ai jamais rien fait pour de l'argent.

M. JACQUEMARD.

Tant pis, madame : il y a de certains métiers où il vaut mieux recevoir que donner.

Mme JACQUEMARD.

Plutôt que de censurer ma conduite, vous feriez mieux de réformer la vôtre, et de ne pas faire tous les jours le petit libertin.

M. JACQUEMARD.

Je n'ai rien à réformer à ma conduite, et je souhaiterois que la vôtre fût aussi régulière dans le fond et dans la forme.

SCENE IX.

Mme JACQUEMARD.

Cela est étrange! Ces gens de pratique ont toujours quelque petit ménage par apostille, et ils ne regardent leur femme que comme un inventaire de production.

OSIRIS.

Doucement. Il n'est pas question de se disputer ici. Vous êtes venus pour voir les momies, et on pour quereller. Faites donc silence, et regardez; vous allez voir Marc-Antoine et Cléopâtre.

SCÈNE X.

Un grand tombeau s'ouvre, et laisse voir Marc-Antoine et Cléopâtre couchés, l'un tenant une épée, l'autre un serpent; ils sont vêtus en momies.

OSIRIS, M. JACQUEMARD, Mme JACQUEMARD, ARLEQUIN, en Marc-Antoine, COLOMBINE, en Cléopâtre.

M. JACQUEMARD.

Je crois que voilà Léonore ma maîtresse!

Mme JACQUEMARD.

Je crois que voilà mon baron de Groupignac!

COLOMBINE, en Cléopâtre, sort de sa tombe, et dit, d'un ton tragique:

Quel éclat vient frapper ma débile paupière?
Quel dieu cruel me force à revoir la lumière,
Moi qui, me dérobant aux rigueurs de mon sort,
Trouvai tant de douceur à me donner la mort?

J'ai triomphé du coup dont vous vouliez m'abattre,
Grands dieux ! que voulez-vous encor de Cléopâtre ?
Mais que vois-je en ces lieux ? l'ombre de mon époux !
  Marc-Antoine, est-ce vous ?

ARLEQUIN, en Marc-Antoine, se lève, étend les bras, se frotte les yeux, et dit, d'un ton comique :

Ah ! que j'ai bien dormi ! Bonjour, Cléopâtrine.
 Quelle heure est-il ? J'ai soif et faim.
 Va vite me tirer chopine ;
 Mais ne la bois pas en chemin.

COLOMBINE.

Cet indigne discours rend ma douleur plus vive.
Ne te souvient-il plus que tu fus roi des rois,
Un héros ?

ARLEQUIN.

  Moi, héros ! Dame ! j'ai quelquefois
 La mémoire un peu laxative.
Étions-nous morts tous deux ? Par ma foi, je croyois
  Qu'en bons et francs époux bourgeois,
Tous deux, au même lit, le ragoût d'hyménée
Nous avoit fait dormir la grasse matinée.

COLOMBINE.

De son esprit troublé que puis-je soupçonner ?

ARLEQUIN.

Déchausse le cothurne, et songe au déjeuner.
Ton œil me met en goût, et me sert d'échalotte.
Cette anguille est dodue, et vaut bien un poulet.
  Au lieu d'en faire un bracelet,
 Va m'en faire une matelotte.

SCENE X.

COLOMBINE.

J'ai toujours conservé, sur mon bras étendu,
    Ce sûr témoin de ma vertu.
Quand ta mort eut brisé nos conjugales chaînes,
Cet aspic fit glisser son venin dans mes veines.

ARLEQUIN.

    On a fait courir ce bruit-là ;
    Mais tu connois la médisance :
    L'un le crut, l'autre s'en moqua ;
    Dis-moi la chose en conscience.
    Fut-ce un aspic qui te piqua,
    Ou bien si tu mourus de rage
De n'avoir pu chanter un *bis* de mariage ?

COLOMBINE.

Tout l'univers a su mon trépas éclatant.

ARLEQUIN.

Je le tiens apocryphe. Euh ! petit charlatan,
A quelque autre que moi va vendre ta vipère
    Pour faire de l'orviétan,
Ou pour pendre au plancher de quelque apothicaire.
Si de cette vipère on faisoit, à Paris,
De la poudre à guérir les coquettes fieffées,
    On en vendroit moins, prix pour prix,
    Pour les estomacs affoiblis,
    Que pour les vertus débiffées.

COLOMBINE.

Pour sauver ma vertu, j'employai le poison.

ARLEQUIN.

    Ouiche, tarare, pompon !

COLOMBINE.

Auguste est mon garant; je méprisai sa couche.

ARLEQUIN, d'un ton héroïque.

Malheureuse! quel nom est sorti de ta bouche!
A ce nom, de courroux je me sens embrasé,
Et je suis à présent dé-Marc-Antonisé.
Tu veux m'en imposer par ton récit tragique.

COLOMBINE prend le ton badin.

Mon bichon, mon Antonichon,
Je prendrai, si tu veux, le ton tragi-comique.
    Les femmes de certain renom
    Savent chanter sur chaque ton;
    Même sur celui de flon flon.

ARLEQUIN.

Telle qu'une coquette, en superbe ordonnance,
Vient étaler au Cours le plus fin de son art,
    Pour ranger sous son étendard
    Quelque colonel de finance;
Telle, et plus belle encore, on vous vit dans un char,
Aller pompeusement au-devant de César.
    Là, vous mîtes en batterie
Soupirs, roulement d'yeux, mines, minauderies,
    Pour faire encore échec et mat
    Les débris du Triumvirat.
Mais avec tout l'effort de votre artillerie,
Croyant prendre un héros, vous ne prîtes qu'un rat.

COLOMBINE.

Quand je voudrai mettre un amant en cage,
    J'y réussirai, sur ma foi:

SCENE X.

Princesse aussi riche que moi
Perd rarement son étalage.
Ingrat! pour tes beaux yeux, j'ai, contre le Romain,
Mis cent fois l'épée à la main.

ARLEQUIN.

Fi! vous n'êtes qu'une bretteuse.

COLOMBINE.

Cœur de caillou, sang de macreuse!
Par une marotte amoureuse,
Pour toi j'ai trotté sur les mers;
J'ai rôdé par tout l'univers;
J'ai galoppé l'Europe, et l'Asie, et l'Afrique.

ARLEQUIN.

On n'avoit point encor découvert l'Amérique.
Ce fut pour toi le plus grand des bonheurs;
Car, ma foi, pour te rendre sage,
On t'eût fait commander, dans ce chétif voyage,
L'arrière-ban des Noseurs.

COLOMBINE.

Venons au fait: veux-tu me reprendre pour femme?

ARLEQUIN.

Nenni, ventre-saint-gris! madame.

COLOMBINE.

Petit mouton d'amour, doux objet de mes vœux!

ARLEQUIN.

Je sens que je m'en vais retomber amoureux.
Marc-Antoine, point de foiblesse.

COLOMBINE *reprend le ton héroïque.*

Cléopâtre, plus de tendresse.

Rentrons dans nos tombeaux. Adieu, perfide, adieu.

ARLEQUIN.

Venez çà, petit boute-feu.
Qu'on m'aille chercher un notaire;
La femme est un mal nécessaire.

COLOMBINE.

Et l'homme est un foible animal.

ARLEQUIN.

Nouons à double nœud le lien conjugal.
Donne-moi la main, scélérate.

COLOMBINE.

Mon cher Toinon, mets là ta pate.

Mme JACQUEMARD.

Tout beau, s'il vous plaît; je mets empêchement à ce mariage-là, et j'ai hypothèque sur Marc-Antoine.

M. JACQUEMARD, à Colombine.

Comment donc, mademoiselle! ne m'avez-vous pas promis de m'épouser, quand ma femme seroit crevée?

Mme JACQUEMARD.

Comment, merci de ma vie! quand je serai crevée? Je veux vivre cent ans pour te faire enrager, et pour t'empêcher d'épouser ta demoisillon.

M. JACQUEMARD.

A la bonne heure; mais vous n'épouserez pas non plus votre baron.

Mme JACQUEMARD.

Je ne l'épouserai pas; mais je lui donnerai tout

mon bien. Tenez, monsieur le Baron, voilà déjà un diamant que je vous donne. (Elle tire un diamant de son doigt, et le donne à Arlequin.)

M. JACQUEMARD.

Je n'épouserai pas Léonore, mais je lui donnerai tout ce que j'ai. Tenez, mademoiselle, voilà une bourse de cent louis.

Mme JACQUEMARD, à Arlequin.

Tenez, voilà un collier de mille écus.

M. JACQUEMARD, à Colombine.

Voilà un petit contrat de cinq cents livres de rente.

Mme JACQUEMARD.

Et moi je vous donne ma maison de la rue de la Huchette.

M. JACQUEMARD.

Et moi, ma terre de la Pissotte, la maison de Paris, l'étude, les trois grands clercs.... Ah! j'étouffe.

ARLEQUIN.

Et nous, nous vous donnons le bonsoir. Présentement que nous tenons de quoi faire la noce, il est bon de vous dire que la prétendue Léonore s'appelle Colombine; qu'elle est une friponne de sa profession, et que le baron de Groupignac, autrement dit Marc-Antoine, est Arlequin, autre fourbe de son métier.

Mme JACQUEMARD.

Quoi!... N'importe, je suis contente, pourvu que mon benêt de mari n'épouse pas sa grisette.

M. JACQUEMARD.

Et moi aussi, pourvu que vous n'épousiez pas votre Baron.

ARLEQUIN.

Puisque tout le monde est content, divertissons-nous, et faisons la noce de Marc-Antoine.

SCÈNE XI.

Osiris frappe, et le théâtre change; on voit un jardin orné de buffets de cristal. Le tombeau de Marc-Antoine se change en une table, et les Momies viennent servir. M. Jacquemard lave ses mains, ôte son manteau et sa perruque, met un petit bonnet, et se met à table le premier.

OSIRIS, M. JACQUEMARD, ARLEQUIN, COLOMBINE, LA SIBYLLE; Momies, servant à table; GARDES de Marc-Antoine, armés de mousquetons.

ARLEQUIN.

Comment, ventrebleu! mon petit praticien françois, vous êtes bien hardi de vous mettre à table devant Marc-Antoine romain! (Il le fait sortir de table, en le prenant par le bras et lui donnant un coup de pied; et il chante.)

Monsieur Jacquemard, faites Gille.
Ce n'est point aux procureurs
A donner des cadeaux aux filles.
Prenez votre sac et vos quilles :
Faites Gille, faites Gille;
Allez chercher fortune ailleurs.

(Jacquemard veut se fâcher; deux Gardes de Marc-Antoine le mettent

SCENE XI.

sous la table, et le couchent en joue pendant tout le repas; tout le monde mange, et Arlequin chante.)

Monsieur Jacquemard est bénin,
Docile et débonnaire :
Il nous fait boire de bon vin ;
Mais il n'en boira guère.

LE CHOEUR répète.

Il nous fait boire de bon vin ;
Mais il n'en boira guère.

ARLEQUIN.

Il plaide comme un Cicéron ;
En procès c'est un diable ;
Mais quand il voit un mousqueton,
Il plaide sous la table.

LE CHOEUR.

Mais quand il voit un mousqueton,
Il plaide sous la table.

ARLEQUIN.

Aux frais du plaideur indiscret,
Il boit à la buvette ;
Mais il défraye au cabaret
Et plumet et grisette.

LE CHOEUR.

Mais il défraye au cabaret
Et plumet et grisette.

SCÈNE XII.

Les personnages précédents, UN LIMONADIER.

LE LIMONADIER, suivi de plusieurs garçons.

Messieurs, voilà des liqueurs que vous avez demandées. Vin muscat, vin de Saint-Laurent; des eaux de cannelle, des eaux de Forges, des eaux de Bourbon.

ARLEQUIN.

Mets tout cela sur le buffet, mon ami.

LA SIBYLLE chante.

Les rois d'Égypte et de Syrie
Vouloient qu'on embaumât leurs corps,
Pour durer plus long-temps morts.
Quelle folie!
Avant que de nos corps notre âme soit partie,
Avec du vin embaumons-nous:
Que ce baume est doux!
Embaumons-nous, embaumons-nous,
Pour rester plus long-temps en vie.

LE LIMONADIER.

Messieurs, il faut que je m'en aille; mais avant que de partir, dites-moi, s'il vous plaît, qui me paiera?

ARLEQUIN.

Cela est juste. Monsieur Jacquemard paiera. Va : il répond de tout.

SCÈNE XII.

M. JACQUEMARD, sous la table.

Moi? je ne réponds de rien : je n'en paierai pas un sou.

ARLEQUIN.

Vous ne paierez pas! Mousquetaires, remettez-vous; tirez.

M. JACQUEMARD.

Ne tirez pas; j'aime mieux payer : mais qu'on me laisse donc sortir.

ARLEQUIN.

Volontiers, laissez-le aller; après qu'il aura payé, s'entend.

(Jacquemard sort de dessous la table, et paie le Limonadier avant que de quitter la scène. Ils sortent tous les deux.)

DIVERTISSEMENT.

Tous les Personnages se lèvent, tenant chacun leur verre plein, et chantent les couplets suivants, qui sont accompagnés de trompettes et de tambours.

LA SIBYLLE.

Verse-moi du vin dans mon verre.
Choquons, faisons un bruit de guerre
Qui puisse durer toujours.
Répondez-moi, trompettes et tambours.

(Les trompettes et les tambours se font entendre.)

Et tandis que Mars, sur la terre,
Ne fait point gronder son tonnerre,
Chantons le vin et nos amours.
Répondez-moi, trompettes et tambours.

(Les trompettes, etc.)

MEZZETIN.

Si notre pièce a su vous plaire,
Quoique en carême encor, nous ferons bonne chère;
Le carnaval pour nous va reprendre son cours.
Répondez-moi, trompettes et tambours.

(Les trompettes, etc.)

ARLEQUIN.

A la santé du Parterre :
Le ciel veuille allonger ses jours !
Et que, dans notre gibecière,
Son argent foisonne toujours.
Répondez-moi, trompettes et tambours.

(Les trompettes, etc.)

FIN DE LA SUITE DE LA FOIRE SAINT-GERMAIN.

NOTICE HISTORIQUE

SUR

LE THÉATRE FRANÇOIS,

ET SUR

L'ANCIEN THÉATRE ITALIEN.

AVIS.

La Notice suivante est presque littéralement extraite de l'*Histoire du Théâtre françois*, par les frères Parfait. L'éditeur a pensé que cette Histoire, réduite aux faits les plus intéressants, pourroit former un complément utile et agréable de cette édition des OEuvres de Regnard, qui fait suite à celles de Corneille, Racine, Molière, et dont le dernier volume, sans cette addition, ne se seroit plus trouvé, pour le nombre de feuilles, en proportion avec les volumes précédents. En effet, par suite de la régularité suivie dans les dispositions typographiques, et malgré les augmentations faites dans le Théâtre italien, ce tome vi avoit perdu à peu près le même nombre de pages qui sont employées par cette Notice.

(G. A. C.)

NOTICE HISTORIQUE

SUR

LE THÉATRE FRANÇOIS.

ORIGINE DES SPECTACLES EN FRANCE.

L'origine de la comédie, en France, date du commencement du xiie siècle; car on ne peut donner le nom de comédiens aux histrions dont il est fait mention sous les rois de la première race, et qui n'étoient que des danseurs et des bateleurs. Charlemagne, par une ordonnance de 789, supprima leurs jeux, auxquels étoient mêlées beaucoup d'obscénités; cependant le goût des spectacles existoit toujours parmi le peuple, qui plus tard porta jusque dans les églises le scandale et le désordre des jeux qui lui avoient été interdits. Ce ne fut que vers l'année 1197 qu'Eudes de Sulli, évêque de Paris, fit tous ses efforts pour réprimer les excès en tout genre qui se commettoient publiquement dans son église, aussibien que dans plusieurs autres.

C'étoit à l'époque de la *fête des Foux* que se renouveloit chaque année la profanation des églises. Cette fête étoit un reste de superstition païenne. En ce jour, les temples se trouvoient remplis de gens masqués qui y dansoient, jouoient, entonnoient des chansons infâmes, et se livroient à toutes sortes de bouffonneries. L'évêque Eudes, par son mandement de 1198, arrêta les progrès de ces abus sacriléges. Mais il paroît que son autorité n'alla pas jusqu'à les faire cesser entièrement, puisque cette fête subsistoit encore deux cent quarante ans après.

Les réunions des peuples, à certaines époques de l'année, leurs jeux, leurs folies, leurs habillements grotesques, se retrouvent dans l'histoire de toutes les nations, même les plus sauvages; et pendant plusieurs siècles la France n'eut d'autre spectacle que cette ridicule *fête des Fous*, dont le temps du *carnaval*, déjà bien dégénéré de nos jours, peut seul donner une idée. Mais vers le milieu du xie siècle parurent les *Trouverres* ou *Troubadours*, poètes provençaux, qui composèrent différentes sortes de poésies, telles que les *Pastorales*, les *Sirventes*, les *Tensons*, et enfin des *Comédies*.

Les voyages en Terre-Sainte, que tous les princes de l'Europe entreprirent dans le xie siècle, et les victoires qu'ils remportèrent sur les Infidèles, furent célébrés par les Troubadours, et les *Sirventes* étoient les pièces qu'ils composèrent sur ces sujets.

Parmi les Troubadours il y en eut qu'on nomma *Comiques*, c'est-à-dire *Comédiens*, parce qu'en effet ils jouoient eux-mêmes dans les pièces qu'ils composoient, et peut-être dans celles qu'ils débitoient à la cour des rois et des princes où ils étoient admis. Et en cela, ils ne crurent point s'avilir; on les regardoit au contraire avec plus d'estime, parce qu'ils joignoient aux talents de la poésie et de la déclamation celui de la représentation.

Aux Troubadours qui brillèrent en Europe, environ deux cent cinquante ans, succédèrent les *Jongleurs*, qui récitoient des vers en s'accompagnant d'instruments, et les *Joueurs* qui débitoient en public des bouffonneries du plus bas burlesque, en les accompagnant de gesticulations et de tours de passe-passe. De là vint le nom de *Jonglerie*. Les uns et les autres tombèrent enfin dans un tel mépris, et leurs folies parurent si scandaleuses, que Philippe-Auguste, dès la première année de son règne, les bannit de ses états.

Les *Jongleurs* et les *Joueurs* furent chassés; les *Bateleurs* les remplacèrent. Comme une ordonnance de 1395 avoit défendu aux Jongleurs de dire, représenter, ou chanter dans les places publiques ou ailleurs, rien qui pût causer quelque scandale, à peine d'amende et de deux mois de prison, ceux-ci s'adonnèrent à faire des tours surprenants et périlleux avec des épées et d'autres armes, et on les nomma *Batolores*, en françois Bateleurs. Enfin, ces exercices devinrent le partage des danseurs de corde et des sauteurs.

De là nous arrivons aux *Mystères de la Passion*, qui parurent sous Charles VI.

Il est certain que les pèlerinages introduisirent ces spectacles de dévotion. Ceux qui revenoient de Jérusalem et de la Terre-Sainte, ou autres lieux, composoient des cantiques sur leurs voyages, et y mêloient le récit de la vie et de la mort du fils de Dieu, ou du Jugement dernier, d'une manière grossière, mais que le chant et la simplicité de ces temps-là sembloient rendre pathétique.

Ces pèlerins, qui alloient par troupe, et qui s'arrêtoient dans les rues et dans les places publiques, où ils chantoient le bourdon à la main, le chapeau et le mantelet chargé de coquilles, et d'images peintes de diverses couleurs, formoient une sorte de spectacle qui plut généralement. La piété de quelques bourgeois les excita à faire un fonds pour élever un théâtre, où l'on représenteroit ces Mystères les jours de fête, autant pour l'instruction du peuple que pour son divertissement.

Leur premier essai se fit au bourg Saint-Maur, près Paris. Ils prirent pour sujet la *Passion de Notre-Seigneur;* ce qui parut fort nouveau, et fît grand plaisir aux spectateurs. Le prevôt de Paris défendit ces représentations par ordonnance du 3 juin 1398. Les nouveaux acteurs se pourvurent à la cour pour faire ériger leur société en *Confrérie de la Passion de Notre-Seigneur*. Charles VI assista à quelques unes de leurs représentations; et ce prince en fut si satisfait, qu'il leur accorda, le 4 décembre 1402, des lettres pour leur établissement à Paris.

PREMIER THÉATRE FRANÇOIS, ÉTABLI A L'HÔPITAL DE LA TRINITÉ.

Cet hôpital avoit été fondé par deux gentilshommes allemands, en 1200. Il étoit situé hors de la porte Saint-Denis; et l'on y recevoit les pèlerins et les pauvres voyageurs qui arrivoient trop tard à la ville, dont les portes étoient alors fermées. Les Confrères de la Passion s'établirent dans cet ancien hôpital de la Trinité, où ils faisoient déjà le service de la Confrérie. Ils y élevèrent un théâtre, et donnèrent au peuple les jours de fêtes divers spectacles de piété, tirés du nouveau Testament. Ces spectacles plurent tellement, qu'on avança, ces jours-là, les vêpres dans plusieurs églises, afin de donner le temps d'assister à ces pieux amusements. Ce nouveau genre de plaisir devint bientôt une mode qui de la capitale passa dans les provinces, et les villes de Rouen, d'Angers, du Mans et de Metz, eurent aussi leurs représentations des différents Mystères. Les spectacles établis par les Confrères n'éprouvèrent aucune interruption, sous les règnes de Charles vi, de Charles vii, et une partie de celui de Louis xi, quoique extrêmement agités par les guerres civiles; et non seulement ils continuèrent pendant ces temps orageux, mais il s'en éleva encore d'autres, tels que ceux des *Enfants sans Souci* et des *Clercs de la Bazoche*.

On finit, après un assez long temps, par se lasser de ces Mystères, qui parurent trop sérieux. Alors les acteurs, pour satisfaire le public et le ramener, mêlèrent à leurs dévots spectacles des scènes tirées de sujets profanes et burlesques, qui plurent singulièrement au peuple. Ils les nommèrent *Jeux de pois pilés;* et ce fut, selon toute apparence, à cause du mélange du sacré et du profane qui régnoit dans ces sortes de jeux. Mais les Confrères, trop pieux pour représenter eux-mêmes ces pièces qu'on appeloit *Sottises* (car c'est ainsi que sont intitulées celles qui nous restent), les abandonnèrent aux *Enfants sans Souci,* dont le chef prenoit la qualité de *Prince des sots* ou *de la sottise;* et ces nouveaux acteurs s'acquittèrent de leur emploi aux applaudissements du public.

C'est de cette manière que les Confrères soutinrent leur théâtre jusqu'au règne de François 1er, qui leur donna, en 1518, des lettres-patentes, par lesquelles il confirmoit tous les priviléges que Charles vi leur avoit accordés. Ils continuèrent leurs représentations jusqu'en 1539, que la maison de la Trinité fut de nouveau destinée à un hôpital. Ils prirent alors à loyer une partie de l'hôtel de Flandre, qu'ils furent encore obligés de quitter en 1543, parce que François 1er ordonna la vente et la démolition de cet hôtel.

Les Confrères, lassés des dépenses considérables que ces déplacements leur avoient occasionnées, tant pour le loyer des salles où ils jouoient, que pour le transport de leur théâtre, résolurent d'acheter un emplacement et d'y faire bâtir. Ils acquirent à cet effet une partie considérable de l'hôtel de Bourgogne, qui consistoit en un mauvais bâtiment de dix-sept toises de long, sur seize de large, situé près de la rue Mauconseil.

C'est à l'époque de cette dernière translation, que les représentations théâtrales changèrent tout-à-fait de caractère. Lorsque les Confrères eurent présenté leur requête au parlement, pour obtenir la permission de recommencer leurs spectacles, la cour, par arrêt du 17 novembre 1548, les maintint à représenter seuls des pièces sur ce nouveau théâtre; mais il leur fut ordonné en même temps de n'y donner que des sujets profanes, licites et honnêtes, avec défense d'y représenter aucun Mystère de la Passion, ni autres mystères sacrés. Ainsi furent bannies les pièces du premier Théâtre françois, qui, toutes dévotes dans leur origine, avoient dégénéré en un mélange de morale et d'indécentes bouffonneries aussi scandaleuses pour les honnêtes gens qu'injurieuses à la religion.

La défense du parlement obligea les Confrères de la Passion, à qui il ne convenoit plus de monter eux-mêmes sur le théâtre pour y jouer des pièces purement profanes, à louer leur hôtel de Bourgogne et leur privilége à une troupe de comédiens qui se forma dès lors; ils se réservèrent néanmoins, pour eux et pour leurs amis, deux loges, qu'on appela les *Loges des Maîtres*.

Le but des personnes qui avoient établi un spectacle à l'hôpital de la Trinité étoit louable. Il tendoit à exciter le peuple à se rappeler les Mystères de la religion, de manière qu'en l'amusant, il fût aussi édifié; mais pour exécuter un semblable projet, il falloit d'autres hommes que ceux qui l'entreprirent. Nous avons vu que des pèlerins en furent les inventeurs; ceux qui donnèrent à leurs productions une forme plus théâtrale n'avoient aucune teinture des pièces grecques et latines; ils suivoient les Évangiles mot à mot, en dialoguoient les événements, et paraphrasoient le texte d'une façon si naïve, que bien souvent ce naïf dégénéroit en grossièreté. C'étoit bien pis lorsqu'ils donnoient carrière à leur imagination ; alors leur ignorance et leur mauvais goût se montroient dans tout leur jour. Ainsi, par une idée qui leur est particulière, les injures les plus atroces sont des compliments pour les Diables. Lucifer ne donne à ses sujets que des qualifications insultantes, et les Diables, en lui obéissant, lui répondent sur le même ton.

L'auteur juge à propos de faire Hérode païen. Il n'a pas cru qu'un prince si cruel méritât d'être de la véritable religion ; on voit encore un Cirinus, gouverneur de la Judée pour les Romains, reconnoître Mahomet pour son dieu tutélaire, et autres absurdités de cette espèce.

Cependant, ces pièces des Mystères furent très applaudies et regardées comme très respectables ; tant la simplicité régnoit dans ces siècles d'ignorance !

C'est ce que Boileau exprime si bien dans le troisième chant de son *Art poétique* :

Chez nos dévots aïeux le théâtre abhorré
Fut long-temps dans la France un plaisir ignoré.
Des pèlerins, dit-on, une troupe grossière,
En public, à Paris, y monta la première ;
Et sottement zélée en sa simplicité,
Joua les Saints, la Vierge, et Dieu, par piété.

NOTICE HISTORIQUE

DES REPRÉSENTATIONS DONNÉES PAR LES CLERCS DE LA BAZOCHE.

L'ÉTABLISSEMENT de la Bazoche remonte à l'année 1303. Cette société, instituée par Philippe-le-Bel, n'étoit composée, dans l'origine, que des clercs qui avoient été adjoints aux procureurs pour les aider dans leur ministère, à cause de la multitude de procès qui alloit toujours croissant. Cette société ne tarda pas à acquérir d'assez grands priviléges; et, par la suite, la Bazoche eut une pleine autorité, non seulement sur tous les clercs du Palais et du Châtelet, mais aussi sur tous ceux des juridictions qui dépendoient du parlement de Paris. La Bazoche, constituée comme la première cour du royaume, et qui de plus avoit un roi, ne laissoit échapper aucune occasion de déployer toute sa magnificence, et d'user de ses priviléges dans les cérémonies et les fêtes publiques.

Quelques jours après l'une de ces fêtes, qui n'avoient d'autre but que le plaisir de se faire voir en public, comme l'indique le nom même de *montre générale*, les bazochiens donnoient la représentation d'une *Moralité* ou d'une *Farce*.

Les succès des *Mystères*, représentés à l'hôpital de la Trinité, avoient excité l'envie et l'émulation des clercs de la Bazoche; mais arrêtés par le privilége exclusif des confrères de la Passion, ils furent obligés de prendre une autre voie. La morale leur parut un fonds inépuisable. Ils personnifièrent les vertus et les vices; et en inspirant l'horreur des derniers, ils faisoient voir l'avantage que l'on retire à pratiquer la vertu. C'est ce qui fit donner aux pièces composées sur ce plan, le nom de *Moralité*. Cette idée eut toute la réussite que pouvoient en espérer les auteurs; et ce nouveau genre de spectacle, qui ne paroissoit que trois ou quatre fois l'année, fut estimé par beaucoup de personnes, supérieur à celui des Mystères.

Cependant le succès des *Moralités* fut très inférieur encore à celui des *Farces*, qui parurent ensuite, et dont l'invention est également due aux poètes bazochiens. Ces pièces n'étoient pas sans quelque mérite. Elles ridiculisoient d'une façon vive et plaisante des vices qui ne sont que trop répandus dans le monde. Les Farces que la Bazoche représenta pendant un certain temps, n'avoient pour sujets que des tours de jeunesse de quelques clercs de la Société, ou des gens d'un caractère méprisable; mais peu à peu des personnes d'un état plus relevé furent désignées et même nommées. La route une fois ouverte, il n'y eut plus ni rang ni naissance à l'abri des médisances ou des calomnies répandues dans ces pièces.

Tout avoit contribué à faire réussir les clercs

de la Bazoche, dans leurs représentations théâtrales; car ils étoient à la fois auteurs et acteurs; et comme ils avoient sans doute plus d'éducation que ceux qui représentoient les *Mystères,* ils mettoient aussi plus d'art et de convenance dans leurs jeux de théâtre et leur déclamation, et par là plaisoient davantage au public.

Pendant les guerres civiles et étrangères qui désoloient la France, sur la fin du règne de Charles vi, la licence des pièces de la Bazoche s'accrut au dernier point. Elle fut contenue, mais non réprimée, par divers arrêts du Parlement, qui établirent des réglements sévères contre les clercs acteurs de la Bazoche. Enfin ils furent suspendus dans leurs exercices de théâtre, depuis 1476 jusqu'en 1497.

Jusqu'alors les bazochiens n'avoient point eu de local fixe pour donner leurs représentations. Elles avoient lieu tantôt au Châtelet, tantôt au Palais, et quelquefois dans des maisons particulières. A l'avènement de Louis xii au trône, les théâtres furent rétablis, et la Bazoche eut la permission de dresser son théâtre toutes les fois que besoin seroit, sur la Table de marbre qui existoit alors dans la grand'salle du Palais, et qui depuis fut détruite par l'incendie de 1618.

Le Parlement, qui s'étoit montré si sévère contre les bazochiens, ne leur fut pas ensuite moins favorable que le roi, et leur accorda même souvent des gratifications pour les indemniser des frais occasionnés par leurs *Montres* et *Jeux*.

Les bazochiens furent même admis à donner une représentation de leurs *Farces* devant François 1ᵉʳ, après le souper qui lui avoit été donné à l'Hôtel-de-ville pour célébrer son avènement au trône ; et le roi en parut très satisfait.

Mais les abus et les personnalités offensantes se reproduisant continuellement dans les pièces de la Bazoche, elle encourut, par des arrêts successifs, des peines graves et des restrictions dans ses libertés, dont elle avoit joui précédemment ; et, en 1538, elle eut ordre, pour l'avenir, de remettre à la cour les manuscrits des pièces quinze jours avant leur représentation. L'année 1540 fut très différente pour les bazochiens, puisqu'on leur défendit de jouer leurs *Jeux* sous peine de la *hart* (la corde.) Cette société cessa entièrement ses représentations annuelles à l'époque où les Confrères de la Passion cédèrent leur théâtre de l'hôtel de Bourgogne à une troupe de comédiens.

DES ENFANTS SANS SOUCI.

Il paroît que cette société fut formée au commencement du règne de Charles VI par quelques jeunes gens de famille, qui joignoient à beaucoup d'éducation un grand amour pour les plaisirs, et les moyens de se les procurer.

Ces circonstances réunies ne pouvoient manquer de faire naître quelque chose de spirituel de la part de cette société. Elle conçut, en effet, l'idée badine, mais morale, d'une principauté établie sur les défauts du genre humain, que ces jeunes gens nommèrent *Sottise*, et dont l'un d'eux prit la qualité de prince.

Cette plaisanterie étoit neuve; les moyens qu'on employa pour la faire connoître ne le furent pas moins. Ces philosophes enjoués inventèrent, mirent au jour et représentèrent eux-mêmes, sur des échafauds, en place publique, des pièces dramatiques qui portoient le nom de *Sotties* ou *Sottises*, et qui, en effet, peignoient celles de la plupart des hommes. Ce badinage passa de la ville à la cour, et y fit fortune. Les *Enfants sans Souci* devinrent à la mode. Charles VI accorda au Prince des Sots des patentes qui confirmèrent le titre qu'il avoit reçu de ses camarades. Cette première société se renferma dans de justes bornes. Une critique sensée et sans aigreur constitua le fond des pièces qu'elle donna d'abord; mais cette sage réserve ne fut pas de longue durée. La guerre civile qui s'alluma en France, et dont Paris ressentit les plus cruels effets, occasionna du relâchement dans la conduite des Enfants sans Souci. Les plus prudents se retirèrent, et cette société devint celle de tous les fainéants et les libertins de la ville.

Comme le Prince des Sots avoit donné aux clercs de la Bazoche la permission de jouer des *Sottises*, ceux-ci leur accordèrent en échange la faculté de représenter des *Farces* et des *Moralités* ; et cet arrangement en fit naître un autre avec les Confrères de la Passion, qui, pour soutenir leur spectacle, dont le public commençoit à se lasser, associèrent à leurs jeux le Prince des Sots et ses sujets.

Le règne de Louis xii fut une époque brillante pour les Enfants sans Souci. Ce prince favorisa et honora souvent de sa présence les pièces qu'ils représentèrent. Clément Marot passa une partie de sa jeunesse avec les Enfants sans Souci, et il composa pour eux une ballade en 1512. Cette société cessa avec le privilége des Confrères de la Passion.

THÉATRE DE L'HÔTEL DE BOURGOGNE.

Peu d'années après l'établissement des Confrères (1548) à l'hôtel de Bourgogne, il parut tout à coup cinq ou six poètes, qui firent connoître aux François le véritable genre du spectacle, en composant des comédies et des tragédies sur le modèle des poètes grecs et latins. Malheureusement pour les progrès de l'art, les Latins l'emportèrent sur les Grecs, et Sénèque fut préféré à Euripide. Les sentences et le langage ampoulé du premier étoient plus à la portée de l'esprit et de l'idiome françois de ce temps. Ronsard, qui avoit francisé le grec et le latin dans ses ouvrages, donnoit le ton aux beaux esprits, qui étoient si grands admirateurs de ce poète, qu'on étudioit la langue dans ses vers; et toutes les tragédies de ce siècle et d'une partie du suivant reproduisirent les barbarismes de Ronsard et le style enflé de Sénèque.

Quoi qu'il en soit, ce premier pas fait ouvrit une carrière nouvelle et bien glorieuse pour la littérature françoise. Jodelle, Grevin, Garnier et Théophile précédèrent immédiatement Mairet, Rotrou et Du Ryer, qui furent eux-mêmes les précurseurs du grand Corneille.

Ce fut en 1552 que Jodelle substitua aux spectacles ridicules de son temps la comédie et la tragédie dans le goût des anciens. Ce nouveau genre de pièces eut beaucoup de succès. Le roi Henri II honora plusieurs fois de sa présence les pièces de Jodelle, qui, aidé de ses amis, les représenta lui-même. D'autres poètes parurent alors, tels que Baïf, la Peruse et Grevin. A cette époque les Confrères combattoient encore avec le Parlement pour le maintien exclusif de leur privilége; mais comme le nombre des auteurs étoit déjà considérable, il fallut aussi un plus grand nombre d'acteurs pour représenter toutes les nouvelles pièces, et il se forma plusieurs troupes de comédiens qui parcoururent longtemps les provinces, le privilége des Confrères les empêchant encore de jouer à Paris. Une de ces troupes osa s'établir à l'hôtel de Cluny, rue des Mathurins, et réussit complétement; mais elle fut renvoyée aussitôt par arrêt du Parlement. Enfin une nouvelle troupe traita du privilége de la confrérie, dont le spectacle étoit déjà abandonné depuis long-temps, et elle exploita le théâtre de l'hôtel de Bourgogne.

Vers l'année 1596, des comédiens de province étoient venus à Paris pour profiter du temps de la Foire Saint-Germain, et y établir un théâtre. Les Confrères s'y étoient encore opposés; et le peuple, qui se voyoit privé d'un amusement qui lui plaisoit beaucoup, s'en vengea sur l'hôtel de Bourgogne, dont il insulta les acteurs. Un arrêt du Parlement mit fin au désordre, et autorisa l'établissement d'un théâtre durant le temps de la Foire; mais bientôt ces mêmes comédiens, puissamment protégés, parvinrent à élever un nouveau théâtre dans le quartier du Marais du Temple en 1598. Il y fut maintenu jusqu'en 1673, que cette troupe fut jointe à celle du théâtre du Palais-Royal, dont Molière étoit directeur par privilége. Ces comédiens réunis formèrent un nouvel établissement rue Mazarine, dans un ancien jeu de paume, vis-à-vis la rue Guénégaud.

Le théâtre de l'hôtel de Bourgogne devint plus

florissant alors ; ses acteurs obtinrent les premiers le titre de *Comédiens du Roi*, avec une pension de 12,000 livres ; mais ils furent à leur tour transférés, en 1680, au théâtre de Guénégaud, où ils restèrent jusqu'en 1688, et de là dans un hôtel bâti aux frais de la compagnie, rue des Fossés-Saint-Germain-des-Prés.

La Comédie françoise n'éprouva plus d'autres vicissitudes jusqu'aux temps désastreux de la révolution de 1789, où tout ce qui portoit le caractère d'une institution fut renversé par l'anarchie. Forcés d'abandonner leur théâtre de la rue des Fossés-Saint-Germain-des-Prés, dont la salle menaçoit ruine, les comédiens françois furent établis sur le théâtre des Tuileries. De là ils passèrent dans la nouvelle salle construite sur l'emplacement des jardins et de l'hôtel de Condé, et qui fut appelée depuis Odéon. A l'époque de la révolution, la Comédie françoise, divisée d'opinions, forma deux troupes, dont l'une resta au théâtre de l'Odéon, et l'autre passa dans la rue de Richelieu. Cette scission, défavorable aux plaisirs du public, ne fut pas de longue durée ; l'autorité réunit les membres divisés de l'ancienne Comédie, et le premier théâtre françois a été maintenu rue de Richelieu. Le théâtre de l'Odéon, deux fois détruit par l'incendie, a été, depuis sa troisième reconstruction, érigé en second théâtre françois par une ordonnance du Roi ; mais comme l'ordonnance n'a pas créé en même temps des acteurs, le magnifique héritage laissé par Corneille, Racine, Molière, Regnard, n'a pas encore été divisé, et n'est profitable qu'au premier théâtre françois, qui lui-même pourroit peut-être administrer mieux encore une aussi belle succession.

FIN DE LA NOTICE SUR LE THÉATRE FRANÇOIS.

NOTICE

SUR L'ANCIEN THÉATRE ITALIEN.

L'ÉTABLISSEMENT d'une troupe de comédiens italiens à Paris ne date que du milieu du dix-septième siècle. Avant ce temps ils n'y venoient que de loin en loin, et n'y séjournoient qu'une ou deux années. La première époque de l'arrivée d'une troupe italienne en France est annoncée dans les Mémoires de l'Étoile, de la manière suivante :

« En février 1577, les comédiens italiens, appelés *gli Gelosi*, que le roi Henri III avoit fait venir de Venise, et desquels il avoit fait payer la rançon, ayant été pris par les huguenots, commencèrent à jouer leurs comédies dans la salle des États de Blois, et leur permit le roi de prendre *demi-teston* (monnoie de 9 sous 9 deniers) de ceux qui viendroient les voir jouer.

« Le dimanche 19 mai (1577), ces mêmes comédiens commencèrent à jouer leurs comédies en l'hôtel du Petit-Bourbon (rue des Poulies), à Paris. Ils prenoient de salaire *quatre sous* par personne ; et il y avoit un tel concours et affluence de peuple, que les quatre meilleurs prédicateurs de Paris n'en avoient pas autant quand ils prêchoient.

« Le samedi 27 juillet suivant, ces comédiens italiens, après avoir présenté à la Cour de parlement, lettres patentes, par eux obtenues du Roi, afin qu'il leur fût permis de jouer (nonobstant les défenses de la Cour du 26 juin précédent), furent renvoyés par fin de non-recevoir, et défenses à eux faites de plus obtenir et présenter de telles lettres, sous peine de dix mille livres parisis d'amende, applicables à la boîte des pauvres.

« Malgré ces défenses, au commencement du mois de septembre suivant, ils recommencèrent à jouer leurs comédies à l'hôtel du Petit-Bourbon, comme auparavant, par jussion expresse du roi. »

Cette première troupe de comédiens italiens à Paris n'y resta pas long-temps. Les troubles qui agitèrent alors le royaume, et principalement la capitale, n'étoient pas favorables aux spectacles.

En 1584 il parut une seconde troupe de comédiens italiens à Paris, et une troisième en 1588.

Henri IV, dans une expédition qu'il fit en Savoie, amena avec lui une troupe de comédiens italiens qui s'en retournèrent un an ou deux après.

Louis XIII, dans l'enfance du dauphin (Louis XIV), fit venir une troupe italienne, qui s'en retourna l'année suivante.

En 1645 il y eut aussi une troupe de comédiens

italiens à Paris, que le cardinal Mazarin avoit fait venir, et qui jouoit au Petit-Bourbon. Ces troupes de comédiens n'étoient point encore à demeure à Paris; on les faisoit venir d'Italie, on payoit leur voyage. Ils restoient quelque temps à Paris ou à la suite de la cour, et on leur donnoit une somme pour les frais de leur retour.

Ce ne fut que vers 1660 qu'une troupe de comédiens italiens fut établie à Paris. En 1673, ils suivirent la troupe de Molière qui avoit été réunie à celle du Marais, et ils jouèrent alternativement avec elle sur le même théâtre, rue Mazarine.

En 1680, le Roi ayant jugé à propos de n'avoir plus qu'une troupe de comédiens françois, ordonna à celle de l'hôtel de Bourgogne de se joindre avec celle de Guénégaud; et le théâtre de l'hôtel de Bourgogne se trouvant ainsi vacant, le roi permit aux comédiens italiens de le louer, et d'y continuer les représentations de leurs spectacles. Alors ces derniers, qui précédemment ne jouoient que trois fois par semaine, ouvrirent leur théâtre tous les jours, excepté le vendredi; mais ils ne jouirent pas fort long-temps de cette faveur. On n'est pas d'accord sur les causes qui ont motivé la suppression de cette troupe italienne. Il est présumable que la licence des pièces et des acteurs donna lieu à cette mesure. Quoi qu'il en soit, le 4 mai 1697, M. d'Argenson, lieutenant-général de police, en vertu d'une lettre du Roi à lui adressée, et accompagné de commissaires, se transporta, à onze heures du matin, au théâtre de l'hôtel de Bourgogne, et fit apposer les scellés sur toutes les portes, non seulement des rues Mauconseil et Françoise, mais encore sur celles des loges des acteurs, avec défense à ces derniers de se présenter pour continuer leurs spectacles, Sa Majesté ne jugeant plus à propos de les garder à son service.

FIN DE LA NOTICE SUR L'ANCIEN THÉATRE ITALIEN.

LETTRE

A M. CRAPELET, IMPRIMEUR,

SUR LES ÉPOQUES DE LA NAISSANCE ET DE LA MORT

DE JEAN-FRANÇOIS REGNARD,

POÈTE COMIQUE.

Paris, le 30 décembre 1822.

MONSIEUR,

J'AI fait imprimer, en janvier 1821, *in-8°*, une Dissertation sur Jean-Baptiste Poquelin Molière. Elle peut servir à réformer beaucoup d'erreurs commises par Grimarest, Voltaire et d'autres auteurs, et faire connoître des choses qu'on ignoroit sur Molière et sur sa famille.

Le bien qu'on a dit de cet ouvrage m'a déterminé à faire des recherches sur les époques de la naissance et de la mort de Jean-François Renard, ou Regnard, le deuxième de nos plus célèbres auteurs comiques.

Cette époque de sa naissance a été inconnue

jusqu'à présent, et les anciens auteurs ont commis des erreurs sur celle de sa mort.

Mes recherches m'ont donné des éclaircissements sur ces deux points.

Voici d'abord son acte de décès que M. le maire de Dourdan m'a envoyé :

« Extrait du registre des actes de baptêmes,
« mariages et sépultures qui ont eu lieu dans la
« paroisse Saint-Germain de Dourdan, pendant
« l'année 1709.

« L'an de grâce 1709, le cinq septembre,
« a été inhumé, au milieu de la chapelle de
« la Vierge de cette église, le corps de maître
« Jean-François Regnard, après avoir reçu le
« dernier sacrement de l'Église, ci-devant con-
« seiller du roi, trésorier de France à Paris, et
« depuis lieutenant des eaux et forêts en la maî-
« trise de Dourdan, capitaine du château dudit
« lieu, et pourvu par le roi de la charge de bailli
« au siége royal de Dourdan, âgé de soixante-deux
« ans; en présence de monsieur maître Charles
« Marcadé, conseiller du roi, maître ordinaire
« en sa chambre des comptes, à Paris, neveu du
« défunt ; de M. Pierre Vidye, conseiller du roi,
« son lieutenant-général civil criminel et de po-
« lice ès-siéges royaux de Dourdan, et de M. Mi-
« chau, conseiller du roi, lieutenant de la maî-
« trise audit Dourdan, qui ont tous signé avec
« nous, prieur curé de Saint-Germain dudit

« Dourdan. Ainsi signez au registre, Marcadé,
« Vidye, Michau et Titon, avec paraphes.

« Pour copie conforme. Dourdan, ce 1ᵉʳ juin
1821. »

La lettre d'envoi est signée de M. Moulin,
maire. Cette copie contient en marge ce qui suit :

« En marge du registre est écrit :

« Enterrement de M. Regnard, né à Paris
« en 1647. »

Et à la table est porté ce qui suit :

« Jean-François Regnard, garçon, fameux
« poète. »

C'est sans doute la mention de l'âge de soixante-deux ans qui a fait porter, en marge de l'acte, qu'il étoit né en 1647.

L'auteur de l'Avertissement sur la vie et les ouvrages de Regnard, imprimé dans ses Œuvres, plusieurs Dictionnaires biographiques et de Théâtre le font naître en 1647, 1654, 1656 et 1657.

Les uns disent qu'il étoit d'une bonne, d'une honnête famille de Paris; d'autres annoncent que son père étoit marchand épicier à la Halle.

Regnard n'est pas né en 1647, et ne pouvoit avoir soixante-deux ans lors de sa mort, et c'est lui-même qui nous en fournit la preuve.

Dans son Voyage de Flandre et de Hollande, il dit : « Nous partîmes de Paris le 26 avril 1681
« par le carrosse de Bruxelles…. Nous nous trou-
« vâmes dans le carrosse tous jeunes gens, dont

« le plus âgé n'avoit pas vingt-huit ans. Il y
« avoit cinq Hollandois. »

Si Regnard étoit le plus âgé, et s'il avoit alors de vingt-sept à vingt-huit ans, il seroit né en 1653, ou 1654.

S'il étoit un peu moins âgé, et s'il avoit vingt-cinq ou vingt-six ans, il seroit né en 1655, ou 1656.

C'est peut-être d'après cet âge que des auteurs l'ont fait naître en 1656 et 1657.

Le quartier dans lequel on a annoncé que Renard étoit né (la Halle) étant connu, il ne s'agissoit, pour trouver son acte de naissance, que de faire des recherches dans les registres des baptêmes et mariages de la paroisse de Saint-Eustache, dont la Halle dépendoit, et de quelques autres paroisses voisines, registres déposés aux archives de l'état civil du département de la Seine. Je me suis occupé de ces recherches, et elles m'ont procuré une assez grande quantité d'actes de baptêmes et de mariages de personnes portant le nom Regnard ou Renard.

Dans le nombre de ces actes, il y en a plusieurs de naissances d'enfants de Pierre Renard, marchand de salines, et de Marthe Gellée sa femme, sous les piliers des Halles, et d'enfants de frères de cette Marthe Gellée.

L'acte de mariage de Pierre Renard et de Marthe Gellée a été cherché sur les registres de

Saint-Eustache depuis 1634 jusqu'à 1645, et ne s'y est pas trouvé.

Voici la note des actes de naissances et d'autres actes pris des registres de Saint-Eustache :

1er. Dimanche 11 février 1646, fut baptisé Pierre, fils de honorable homme Pierre Renard, marchand de salines, à Paris, et de Marthe Gellée sa femme, demeurant sous les piliers des Halles; la marraine Nicole Gellée, femme d'honorable homme Pierre Levier, aussi marchand de salines;

2e. Le mardi 4 juin 1647, fut baptisée Marie, fille d'honorable homme Pierre Regnart, marchand de salines, à Paris, et de Marthe Gellée sa femme, demeurant sous les piliers des Halles; la marraine, Marie Regnart, fille de défunt honorable homme Jean Regnart, vivant, marchand à Auxerre;

3e. Du mercredi 13 avril 1650, fut baptisé Pierre, fils d'honorable homme Pierre Renard, marchand de salines, à Paris, et de Marthe Gellée sa femme, demeurant sous les piliers des Halles; la marraine Anne Duperroy, femme d'honorable homme Charles Gellée, marchand de salines;

4e. Du mercredi 15 mars 1651, fut baptisée Marie, fille d'honorable homme Pierre Renard, marchand de salines, à Paris, et de Marthe Gellée sa femme, demeurant sous les piliers des Halles;

parrain, honorable homme Pierre Levier, aussi marchand de salines.

Les 20, 23 mai 1651, furent fiancés et mariés à Saint-Eustache Michel Gellée, marchand, et Marie de Faye, en présence de Charles Gellée, frère; Pierre Renard, beau-frère. (Ces deux Gellée étoient les frères de Marthe, femme Renard.)

Le samedi 5 avril 1653, baptême de Marie-Marthe, fille d'honorable homme Michel Gellée, marchand de salines, et de Marie de Faye sa femme, demeurant sous les piliers des Halles; la marraine, Marthe Gellée, femme d'honorable homme Pierre Renard, aussi marchand de salines.

Le dimanche 12 juillet 1654, fut baptisée Marguerite, fille d'honorable homme Michel Gellée, marchand de salines, bourgeois de Paris, et de Marie de Faye sa femme, demeurant sous les piliers des Halles; le parrain, honorable homme Pierre Renard, aussi marchand de salines, bourgeois de Paris.

5e. Du lundi 8 février 1655, fut baptisé *Jean-François*, fils d'honorable homme Pierre Renard, marchand bourgeois de Paris, et de Marthe Gellée sa femme, demeurant sous les piliers des Halles; le parrain, honorable homme Pierre Carru, aussi marchand à Paris; la marraine, damoiselle Anne Poan, femme de noble homme Fremin Leclerc, secrétaire de chez la reine.

Du jeudi 16 novembre 1656, fut baptisé Michel, fils d'honorable homme Michel Gellée, marchand de salines, bourgeois de Paris, et de Marie de Faye sa femme, demeurant sous les piliers des Halles; la marraine Anne Renard, fille d'honorable homme Pierre Renard, marchand bourgeois de Paris.

18 juin 1657, convoi de cent, service complet, assistance de M. le curé, quatre porteurs, pour défunt M. Renard, vivant, marchand bourgeois de Paris, demeurant sous les piliers des Halles, inhumé dans l'église de Saint-Eustache. (Le convoi coûta 143 liv. 1 s.)

Du lundi 6 mai 1658, fut baptisé Simon, fils de Michel Gellée et de Marie de Faye, demeurant sous les piliers des Halles; la marraine Jeanne Renard, fille de défunt Pierre Renard, vivant, aussi marchand bourgeois de Paris.

(Ce mot vivant indique qu'il étoit déjà mort.)

Les naissances d'Anne et de Jeanne Renard, marraines, les 16 novembre 1656, et 6 mai 1658, sont inconnues.

Étoient-elles deux des premiers enfants de Pierre Renard et de Marthe Gellée, baptisées sur une autre paroisse que Saint-Eustache, ou deux enfants d'un autre Pierre Renard que l'on qualifie de marchand bourgeois de Paris, et non de marchand de salines, lequel pouvoit être le père du premier?

Ces actes, et d'autres actes de baptêmes d'enfants de Michel Gellée, et d'un autre Gellée (Charles), aussi marchand de salines, sous les piliers des Halles, prouvent, par les mots d'honorable homme qu'on y a employés, que ces familles jouissoient d'une grande considération dans leurs commerces.

Dans tous les actes que j'ai extraits en assez grande quantité, contenant les mariages et les baptêmes des individus portant le nom de Regnard, ou de Renard, sur les registres des paroisses de Saint-Eustache, Saint-Germain-l'Auxerrois, et autres paroisses voisines de la Halle, on ne trouve qu'un Jean-François Renard, baptisé le 8 février 1655, à Saint-Eustache.

En comparant cette date avec ce qu'a dit Regnard dans son Voyage de Flandre et de Hollande, « Nous partîmes de Paris le 26 avril 1681 ; nous « nous trouvâmes tous jeunes gens, dont le plus « âgé n'avoit pas vingt-huit ans, » il paroît démontré que l'extrait de baptême du 8 février 1655 est bien réellement le sien.

Mais deux choses pourroient peut-être donner de l'incertitude sur l'identité de ce personnage.

1°. On a dit dans l'Avertissement sur la vie et les ouvrages de Regnard, imprimé dans ses OEuvres, « que son père étoit mort comme il finissoit « ses exercices à l'Académie. »

Cette mort seroit donc arrivée lorsque Regnard

avoit dix-huit ou vingt ans, c'est-à-dire vers 1673, ou 1675.

On a vu plus haut qu'un Renard (sans prénom) vivant, marchand bourgeois de Paris, demeurant sous les piliers des Halles, avoit été inhumé dans l'église Saint-Eustache, le 18 juin 1657.

Ce décès ne pourroit-il pas faire objecter que si ce Renard étoit Pierre, père du Jean-François baptisé le 8 février 1655, ce dernier ne seroit pas l'auteur, puisque son père ne seroit mort que lorsqu'il avoit dix-huit ou vingt ans (1673, ou 1675), que par conséquent cet acte ne pourroit s'appliquer au poëte Regnard?

Mais j'ai déjà dit que dans un très grand nombre d'actes je n'en avois trouvé qu'un au nom de Jean-François, 8 février 1655, sur un des registres de Saint-Eustache, dont la Halle dépendoit, registres qu'il falloit seuls consulter.

Je répondrai à l'objection, que si c'étoit Pierre Regnard, père du poëte, qui fût décédé en 1657, il y auroit une erreur dans l'Avertissement, où l'on dit qu'il étoit mort comme Regnard finissoit ses exercices à l'Académie ; que ce fut peut-être plutôt Marthe Gellée sa mère qui mourut à cette époque, étant veuve depuis 1657, et qu'au lieu du père, on auroit dû dire la mère dans l'Avertissement.

Ou si l'on n'étoit pas satisfait de cette raison,

ne pourroit-on pas croire que le Renard inhumé le 18 juin 1657 sans prénom, et sous la qualification de marchand bourgeois de Paris, étoit le père de Pierre Renard, marié à Marthe Gellée, aïeul de Jean-François, ou un frère, ou autre parent de ce Pierre, dont je parlerai plus loin?

2°. On voit dans les actes de baptêmes de Michel Gellée (16 novembre 1656), et de Simon Gellée (6 mai 1658), qu'ils eurent pour marraines, Anne Renard, fille de Pierre Renard, marchand bourgeois de Paris, et Jeanne Renard, fille de défunt Pierre Renard, vivant, marchand bourgeois de Paris.

On voudroit peut-être en conclure que Pierre, père de Jean-François, étoit celui inhumé le 18 juin 1657, sans prénom. Mais ne pourroit-on pas croire aussi que les deux Anne et Jeanne Renard étoient filles du père de Pierre Renard, marié à Marthe Gellée, lequel portoit aussi le prénom de Pierre, et étoit qualifié de marchand bourgeois de Paris, et non marchand de salines; et que par conséquent elles étoient tantes et non sœurs de Jean-François, avec d'autant plus de raison qu'on n'a point trouvé d'actes de naissance qui constatent qu'elles étoient filles de Pierre Renard et de Marthe Gellée?

Ne pourroit-on pas croire encore que ce dernier Renard avoit un frère ou un autre parent plus éloigné qui se nommoit aussi Pierre, et étoit marchand bourgeois de Paris; que Anne et Jeanne étoient ses filles, et que ce fut ce Pierre qu'on inhuma le 18 juin 1657?

Un acte porté sur le registre des sépultures de Saint-Eustache, à la date du 28 juin 1676, contient ce qui suit :

« Défunt Jean Regnard, bourgeois de Paris, ap-
« porté de la paroisse de Brye-sur-Marne, du
« logis de M. Tonnellier, vicaire de la paroisse
« de Saint-Eustache, décédé le 27 du présent mois,
« a été inhumé dans notre église. »

Un registre des convois de la même paroisse, à la même date du 28 juin, donne la note suivante :

« Reception du chœur et vêpres pour défunt
« Jean Regnard, bourgeois de Paris, apporté de
« la paroisse de Brye-sur-Marne, décédé dans le
« logis de M. le Tonnellier, son oncle, vicaire
« de la paroisse de Saint-Eustache, a été inhumé
« dans notre église, *gratis*. »

En marge des actes de décès sur les registres, sont les noms et prénoms des personnes mortes; et ce qu'il y a de singulier, on a mis, d'une autre écriture et non par renvoi, en marge de l'article du décès, les noms *Pierre Regnard,* au lieu de ceux de *Jean Regnard* portés dans cet acte.

On devroit s'en rapporter au prénom *Jean* mis dans le corps de l'acte et de la note, et croire qu'on a commis une faute en portant le prénom Pierre en marge.

Mais n'avoit-on pas commis aussi une erreur en insérant dans les acte et note du 28 juin 1676, le prénom Jean au lieu de celui de Pierre; et le Regnard, Pierre et non Jean, ne seroit-il pas le père de Jean-François, d'autant mieux que cette époque de 1676 pouvoit être celle où Regnard avoit fini ses exercices à l'Académie, et où même il étoit déjà en Italie?

J'ai fait faire des recherches sur le registre de la commune de Brie-sur-Marne, pour avoir l'extrait de mort de Jean Regnard (27 juin 1676); mais il ne s'y est pas trouvé.

En dernière analyse, j'ajouterai que l'acte du 18 juin 1657 ne prouve point d'une manière évidente, que le Pierre Regnard, inhumé, fût le mari de Marthe Gellée; qu'il pouvoit être aussi-bien son père, son frère, ou un autre parent; qu'on peut donc croire, avec l'auteur de l'Avertissement, que Pierre, père de Jean-François, ne mourut point en 1657, mais plus tard, soit en 1676, si on peut lui appliquer l'acte et la note du 28 juin, ou dans une autre année.

En admettant les raisons que j'ai données ci-dessus, il paroît démontré que l'acte de baptême du 8 février 1655 est bien réellement celui du poète Regnard; qu'il naquit à la Halle, c'est-à-dire sous les piliers des Halles; que son père avoit été marchand de salines, commerce auquel étoit joint celui de l'épicerie; que le Renard inhumé sans prénom, le 18 juin 1657, n'étoit point son père, mais son aïeul, ou son oncle, ou un parent plus éloigné.

Si je n'avois pas autant multiplié mes recherches, si je les avois cessées aussitôt que j'ai eu trouvé l'acte de naissance de Jean-François, du 8 février 1655, et celui de Anne, du 16 novembre 1656, je n'aurois pas eu connoissance des actes de décès de Renard, sans prénom, du 18 juin 1657, de baptême de Simon Gellée (6 mai 1658), dont Jeanne fut marraine, et de ceux du 28 juin 1676. Je n'ai pas dû cacher ces actes; mais je suis fermement persuadé que la date du 8 février 1655 est bien celle du baptême de Jean-François Renard ou Regnard, d'autant mieux qu'elle coïncide parfaitement avec ce qu'il a dit lui-même dans la note de son départ de Paris, le 26 avril 1681.

Il en résulte qu'il n'avoit point soixante-deux ans lors de sa mort, mais seulement cinquante-quatre ans, six mois, vingt-sept jours.

Grimarest et Voltaire, dans les Vies de Molière, ont prétendu qu'il étoit né sous les piliers des Halles.

Il seroit bien singulier que nos deux plus grands poètes comiques fussent nés dans cet endroit; l'un d'un tapissier, l'autre d'un marchand de salines, épicier; tous deux qualifiés d'honorables hommes dans beaucoup d'actes de l'état civil. Mais je crois avoir démontré, dans ma *Dissertation sur J. B. Poquelin Molière*, que ses père et mère demeuroient rue Saint-Honoré, et non sous les piliers des Halles, et que Molière n'y est pas né.

J'ai l'honneur d'être, etc.

L. F. BEFFARA,
Ex-Commissaire de police de Paris,
rue Saint-Lazare, n° 12.

TABLE DES PIÈCES

CONTENUES DANS CE VOLUME.

Les Comédies marquées d'une étoile ont été composées en société avec Dufresny.

* Les Chinois, comédie en quatre actes....... Page	1
Avertissement de l'éditeur sur *les Chinois*...........	3
Prologue des Chinois............................	7
* La Baguette de Vulcain, comédie en un acte....	67
Avertissement de l'éditeur sur *la Baguette de Vulcain*.	69
* L'Augmentation de la Baguette, comédie en un acte...	91
Prologue de l'Augmentation de la Baguette.....	93
La Naissance d'Amadis, comédie en un acte.......	111
Avertissement de l'éditeur sur *la Naissance d'Amadis*.	113
* La Foire Saint-Germain, comédie en trois actes..	139
Avertissement de l'éditeur sur *la Foire Saint-Germain*.	141
Avertissement de l'éditeur sur la *Scène des Carrosses*, etc.	255
Scène des Carrosses	257
Scène du Procureur en robe rouge	262
* La Suite de la Foire Saint-Germain, ou les Momies d'Égypte, comédie en un acte.................	273
Avertissement de l'éditeur sur *la Suite de la Foire Saint-Germain*....................................	275
Notice historique sur le Théâtre françois et sur l'ancien Théâtre italien........................	311
Lettre de M. Beffara sur les Époques de la naissance et de la mort de J. F. Regnard...................	336

FIN DU SIXIÈME ET DERNIER VOLUME.

www.ingramcontent.com/pod-product-compliance
Lightning Source LLC
Chambersburg PA
CBHW060324170426
43202CB00014B/2664